JN330357

瀬戸内・小豆島へ樹齢千年の生命の樹に会いにきませんか。

千年のオリーヴ　検索

毎年初夏の2週間だけ、
小豆島は小さな白い花に包まれます。
オリーヴの花です。
あまりに小さな花なので、
オリーヴの樹がふわっと白いベールに
包まれているようにも見えます。
甘い香りに誘われて近づくと、
足元には星空。
可憐な星のかたちをした
オリーヴの花が散りはじめる、
この季節にだけ見ることができる
オリーヴの森の景色です。

小豆島ヘルシーランド株式会社

自転車で島を

ライター・編集者
南陀楼綾繁

なんだろうあやしげ／1967年、島根県出雲市生まれ。ライター・編集者。2005年から谷中・根津・千駄木で活動している「不忍ブックストリート」の代表として、各地のブックイベントに関わる。「一箱本送り隊」呼びかけ人。著書『一箱古本市の歩きかた』（光文社新書）、『谷根千ちいさなお店散歩』（WAVE出版）、『小説検定』（新潮文庫）、『ほんほん本の旅あるき』（産業編集センター）ほか。

急な坂をのぼり終えて思う。電動自転車にしておいて、よかった……。

昨年10月末、小豆島に3日間滞在した。土庄町の「迷路のまちの本屋さん」で行なわれる一箱古本市に参加するためだ。小豆島に来たのは二度目である。

予定の入っていない日には、島内のほかの町に遊びに行くつもりだったが、地図を眺めているうちに気が変わった。

船に乗って、別の島に渡ってみたくなったのだ。

このあたりには男木島、女木島、直島などの島が点在しているが、小豆島からは豊島《てしま》が一番近い。土庄港から豊島の唐櫃《からと》港まではフェリーで20分ほどだ。午後のお出かけにはちょうどいい。

日曜のフェリーは乗客が少なく、甲板は私が独占できた。さっきまで「オリーヴの森感謝祭」でビールを飲んでいたので、風が心地いい。

唐櫃港は手前まで山がせり出したような地形だ。降りてすぐのところにレンタサイクルの店があった。電動自転車が1000円、普通のママチャリは半額だ。

「まあ、電動にしときなよ。とても普通のではのぼれないから」という店のおじさんの忠告に従う。

走り出すとすぐ坂にぶつかる。急な角度でずっと先まで続いている。

てっぺんに着くと、棚田が広がっていた。田んぼの先に海が見える風景がめずらしく、自転車を止めてしばらく眺めた。

そこは美術館の入口で、来館客の自転車が何台も止まっている。

私も受付まで行ったが、電動自転車のレンタル料金よりも高い入館料に躊躇して引き返した。

この島では現代アートの作品がたくさん見られるが、天邪鬼の気分が頭をもたげて、今回はそれらを一切見ないことにした。いちいち地図を広げなくて済むのも気楽だ。

浜にある小さな集落に立ち寄ったりしながら、家浦港に着いた。家が密集し、商店も多い。

「豊島横尾館」の脇の道を入る。並行して走る道と道を、さらに狭い小路がつないでいる。

こういう路地を見るとなぜか興奮してしまい、何度も同じ道を行ったり来たりする。犬みたいにマーキングしているのかもしれない。

にぎやかな音が聴こえてくる方へ自転車を走らせると、法被姿の人たちが。家浦八幡神社の秋祭りだ。

神輿には寄付の金額が書かれた御《ご》幣《へい》が、びっしり貼りつけられている。その下には子どもが数人座り、元気な掛け声を発している。

男たちが神輿を持ち上げたと思うと、一瞬にしてそれが横倒しになったので驚いた。元に戻しては、今度は反対側に倒される。

これは大変な運動量だなと見ていたら、向こうからこの島に住む知り合いが汗だくでやって来た。これから飲むビールはおいしいだろう。

偶然、いいものが見られたことに満足して港に向かう。自転車を返却し、ちょうど来たバスに乗る。さっき1時間かけて走った道を、わずか10分で唐櫃港まで戻った。

帰りのフェリーに乗り込んだ頃には、風が少し冷たくなっていた。

contents

海と島に育まれた、
美しい装い

You are what you wear.

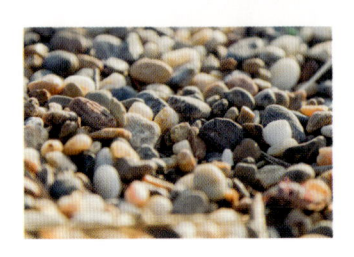

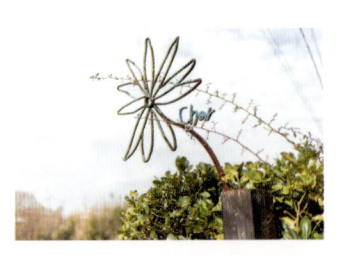

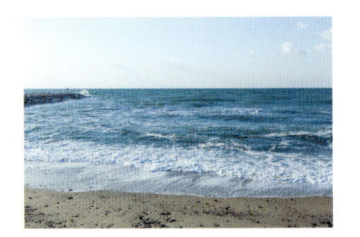

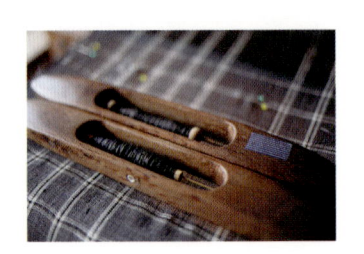

せとうち暮らし

Vol.18 2016

表紙のスケッチノート

Vol.03

藍色をじーっと見ていると、
その青さに反してブラウン系の
温かい印象がにじんでくる。
涼しげで温かい藍色は
わたしたちの目に優しいと思う。
それは、わたしたちの瞳の虹彩の色素にも
藍色とブラウンが含まれているからである。
と、仮定するのは僕だけかもしれないけれど。
沼島で見たドンザは忘れられない藍色だった。
その色の奥深さは祈りの込もった刺し子とも
相まって、絵画としても強烈で、
そのままにそれをスケッチしても描ききれない。
だから僕は降参する思いでドンザを
畳んで丸めて積み上げた。
僕も丸まるような姿勢でそれを描いた。

nakaban

1974年生まれ、広島県在住の画家。絵画制作を中心に新聞から書籍まで挿絵の仕事も。絵本作品に『よるのむこう』(白泉社)など多数。

せとちゃん

MY LITTLE KAGAWA

アメリカ人写真家が見た香川の風景

香川県在住10年目のアメリカ人、写真家のジェレミー・ラニグさんが
好奇心旺盛な目で切り取った、美しい島々やまちの風景。
そこには、私たちの知らない香川の景色が広がっていました。

岩黒島

サンポート高松

男木島

写真集と香川について、ジェレミーさんに聞きました

取材・文／須鼻美緒　写真：大池 翼（取材）

Interview

Jeremy Lanig

ジェレミー・ラニグ

2005年ウィスコンシン州立大学で数学の博士課程を修了した後、2006年から香川県在住。香川県国際課の仕事などを経て、現在は「ステップバイステップ英会話」を共同設立し、管理者及び講師として働いている。

撮影協力＝Kinco. hostel + cafe

―写真集『my little Kagawa』をつくろうと思ったきっかけは？

個人用飛行機のパイロットの木村幸弘さんに出会って、飛行機に乗せてもらって空の上から写真を撮ったのがはじまりです。瀬戸内国際芸術祭で通訳をやっていたこともあったので、香川の島々のことはよく知っていました。２０１５年の４月から10月にかけて、撮影したい場所を指定して飛んでもらって、計８回撮影しました。ある程度の枚数が撮れたので、写真集にしてこれまでお世話になった香川の人たちに見てもらおうと思ったんです。

―香川在住10年目とのことですが、香川の印象は？

自然と都会のバランスがいい。10分もあれば海にも山にも行ける。海や山が近くて天候が穏やかなところは、故郷のアメリカ・オレゴン州に似ています。香川にはフレンドリーでおもてなしの心をもっている人が多いですね。

―タイトルにはどんな意味が込められていますか？

アメリカには「マイ・リトル・ポニー」や「マイ・リトル・モンスターズ」というおもちゃがあるんですが、今回撮れた香川の写真がまるで、ミニチュアのおもちゃのように見えたので『マイ・リトル・香川』と名付けました。それに英語では、親が子どものことを愛情を込めて「マイ・リトル・ベイビー」と呼んだりします。香川は私にとって愛すべき場所であるということも表現したかったんです。

この写真集の中で、私は自身の思い出を共有しています。だから、香川に来たことのある人や香川に住んでいる人が、この写真集を見て、それぞれの思い出を投影してくれたらいいなと思っています。その点においては、この写真集は『our little Kagawa（私たちの小さな香川）』であり、『everyone's little Kagawa（みんなの小さな香川）』であるとも言えます。

『my little Kagawa（私のちいさな香川）』

著者・撮影：ジェレミー・ラニグ　協力：木村幸弘
ISBN：978-0-9971877-0-0
発行：ステップバイステップ
仕様：23x23cm、82ページ
http://www.mylittlekagawa.com

読者プレゼント1名様

出版を記念して1名様に写真集『my little Kagawa』をプレゼントします。ご希望の方は、氏名、年齢、住所、電話番号を明記の上、ハガキ、メールまたはFAXでお申し込みください。
応募先／『せとうち暮らし』編集部 読者プレゼント係
宛先：〒760-0013 香川県高松市扇町2-6-5 YB07・TERRSA大坂 4F
メール：info@setouchikurashi.jp　件名に「『my little Kagawa』プレゼント希望」と明記してください　FAX：087-823-0099　締め切り／2016年5月31日

13　瀬戸大橋

海と島に育まれた、美しい装い

瀬戸内の島々を取材していると
目に飛び込んでくる、
島のお母さんたちのすてきな装い。
花柄のほおかむりに
真っ赤なエプロン。
鮮やかなピンクの上下に身を包み、
乳母車を押すおばあさん。

You are what you wear.

男性だって負けじとおしゃれ。
都会から移住して
農業に打ち込む青年の、
ほれぼれするようなつなぎ姿。
元船乗りのおじいさんが着こなす、
外国人風のジャケット。

けっして流行のファッションでは
ありません。

なのになぜ、瀬戸内の人たちは、
こんなにおしゃれなんだろう？

今号では、その答えを探して、
淡路島、沼島、粟島を旅しました。

瀬戸内の美意識はいかにして
育まれるのか。とくとご覧あれ！

淡路島から沼島へ
ドンザを訪ねて

瀬戸内海で一番大きな島、淡路島。
そこで私たちは、暮らしに寄り添いながら、
島のいろと島のふくをつくりだす、ふたりの女性に出会いました。
染織作家の山下絵里さんと、デザイナーのあまづつみまなみさんです。
そして舞台は、国生みの伝説を持つ神話の島、沼島へ。
そこには、沼島で生まれた島のいろと島のふく、
漁師たちの仕事着、ドンザが待っていました。

取材・文／山本政子　写真／本田史郎、大池　翼　協力／内藤美貴子、神邊與司一

淡路島（あわじしま）
瀬戸内海で一番大きな島。人口約13.5万人（2016年）
◎関西方面から
車で　神戸淡路鳴門自動車道　淡路IC下車
船で　明石港（兵庫県明石市）から岩屋港（兵庫県淡路市）約13分
◎四国方面から
車で　神戸淡路鳴門自動車道　淡路島南IC下車

沼島（ぬしま）
淡路島の南4.6kmに浮かぶ、「おのころ島」伝説の島。人口約500人（2016年）
土生港（兵庫県南あわじ市）から約10分（毎日運航）

Island color, Island clothes

島の日々を染め重ねる、ここにしかない島のいろが生まれる。

織工房いついろ　山下絵里さん

木綿や麻を季節ごとに、島の恵みで染める

山下絵里さんが織り機に向かって手と足を動かす。トントコトントントン。トントコトントントン。工房にリズミカルな機織りの音が響きます。

「織工房いついろ」は、倉敷や沖縄で染めや手織りを学んだ山下さんが、2005年にふるさとの淡路島に戻り、開いた工房です。木綿や麻の糸を身近な植物で染めてひとつ一つ手織りしています。

この日、山下さんが織っていたのは、夏用の麻の帯。涼しげなグレーの糸が印象的でした。

思わず「きれいですね」と口にしたら、「この淡いグレーは、山で拾ってきた栗のいがと、ログウッドという木のチップを染め重ねることで生まれた色なんですよ」と教えてくれました。ほかにも〝やしゃぶし〟という木の実やよもぎ、やまももやくるみ、くちなしなど、自然からの恵みを季節ごとに使って染めているそうです。「あっ、玉ねぎの皮も使います」と山下さん。じつは淡路島は玉ねぎの産地なのです。

経(たて)糸に緯(よこ)糸を通し布を織る。経糸600本を機に1本ずつ通すなど、細かな作業すべてが手作業の連続。経糸をセットするのに1日半かかる

着物と帯。「こんな色と決めて染めるけれど、最後は植物にまかせます」と山下さん

外側右から玉ねぎの皮、インド茜[草の根]、刈安(かりやす)[植物]、ログウッドチップ[樹木]。ザルの上は栗のいがと、やしゃぶし。すべて草木染めの材料

織工房いついろ
兵庫県洲本市五色町鳥飼浦373-2
☎ 0799-34-0776
工房見学は要予約。
事前に電話にてお問い合わせください。
http://ituiro5.com

フランスから来た方が教えてくれた〝ドンザ〟

山下さんがドンザを知ったのは2年前のある日。フランスから来たお客さまの「淡路島にはドンザがあるんですね」というひと言でした。ところが、そのときはまだ島にドンザがあることも、ドンザが何かも知らなかったと言います。

「その後、人に尋ねたり、調べたりしました。そして北淡歴史民俗資料館に、漁師の服ドンザが展示されていることがわかったんです」

木綿の布を藍染し、その上に刺し子を施した衣服ドンザ。はじめて見たとき、山下さんは驚いたと同時に感動したそうです。

「淡路島で育った綿でつくった木綿を、同じく淡路島で育てた藍で染めてつくられた服。そういうことが島でおこなわれていたことに、感動しました」

それからです。山下さんは育てていた藍で沈殿藍をつくり糸を染め、布を織ることをはじめました。ドンザとの出会いから生まれた、山下さんの新しい島のいろです。

風をまとうように、着ることを楽しむ島の暮らしから生まれた衣服。

「古民家char*」オーナー
あまづつみまなみさん

淡路島に移住し「古民家char*」をオープン

アパレル業界に勤めていたあまづつみまなみさんとご主人が、オリジナルブランドchar*を立ち上げたのは、2005年のこと。その2年後に横浜から実家のある淡路島へUターン移住。築75年の古民家をリノベし、アトリエ兼ショップ「古民家char*」をオープンしました。

そのきっかけになったのは、当時幼稚園に通っていた息子さんでした。島に帰省していたある日、息子さんが「帰りたくない」と泣き出したのです。

「自然素材を使い、自分が着たい服をつくっていましたが、私自身も、マンションの一室で服をつくることに疑問を感じていたのかもしれません。ストレスを感じていたのかも」とあまづつみさん。「いまは衣食住が一緒。海も山もある。子どもにとってもいい環境だと思います」

島の日々の暮らしから生まれる、生活のなかで着る服。今ではchar*に加え、淡路島の南にある沼島の海の色や光から生まれた「島のふく」など、さまざまなラインが生まれています。

海と島に育まれた、美しい装い

You are what you wear.

山下さんが木綿と麻糸を藍染して織った生地が使われた「島のふく」。刺し子が施されている

手にすると、素材のやさしさが伝わる

古民家char*

兵庫県南あわじ市津井2066浦373-2
☎ 0799-36-3078
営：11：00〜17：00
休：不定休（要電話予約）
http://cheep-cheep.shop-pro.jp

神戸にも新しいお店がオープン！

萌蘖/ほうげつ

兵庫県神戸市中央区海岸通4-4-4
☎ 080-4024-2189
営：木〜日曜 12：00〜19：00
休：月〜水曜
https://www.facebook.com/hougetsuJP/

子どもの頃に見た沼島の海を服にしたい。

「子どもの頃、父のボートではじめて沼島を訪れました。海の色がとてもきれいだった。移住して何十年かぶりに沼島を訪れたとき、一瞬でその記憶がよみがえったんです。島の海、島の光、島の風。どうにかしてこの自然の色を再現したいと思いました。それが2012年春に生まれた『島のふく』です」

「島のふく」には、「織工房いついろ」の山下さんが染めて織った藍染や草木染めの生地も使われています。「ずっと藍染に興味がありました。でも、職人技だと思っていたんですね。そんなとき、山下さんが自分で藍を育て、糸を染め、生地を織っていることを知って。ぐんと身近になりました」。ちょうどその頃、あまづつみさんは、未来につなげていくことを考えはじめていました。「自分が着たいものをつくりだすことがchar*のコンセプトでしたが、それだけではないのではないかと。3・11の震災以降、特に感じていました。そのタイミングで、藍染と刺し子のドンザに会ったんです」

WHAT IS DONZA?

漁師の仕事着。漁師の晴れ着。

刺し子ドンザ（直島・香川県）
直島の網元が着用していたドンザ。15種の刺し子文様が施されている。鯛縛り網の指揮という晴れ舞台に立つ息子のために母親が仕立てたもの。仕事着であり、晴れ着。（瀬戸内海歴史民俗資料館蔵／国重要有形民俗文化財）

右：ドンザ（沙弥島・香川県）
もとの布地がわからないほど継ぎがあてられ、刺し子が施されたドンザ。（瀬戸内海歴史民俗資料館蔵／国重要有形民俗文化財）

左：ドンザ（不明）
布や着物は仕立て直しや継ぎあてがされ、最後はおむつや雑巾としてボロになるまで使われた。そのため、ドンザは、あまり多く残っていない。（公益財団法人四国民家博物館蔵）

ドンザ。その刺し子にこめられた思い。

着物に何枚もの古布を重ね、ていねいに刺し子されたドンザ。手にすると、どっしりしています。ぶ厚くて丈夫なドンザは、耐久性があり、保温性にも優れています。海の上で働く漁師たちを、強い風や雨、潮水、寒さから守るとともに、誤って海に落ちたときは空気をためて、浮き袋代わりにもなったといいます。

一方、ドンザのなかには仕事着ではなく、漁師たちの〝一張羅〟、晴れ着として愛用されたものもありました。仕事着とはまた違った文様、飾り刺しが施された美しいドンザは、漁師が陸《おか》にあがったときに着るよそ行き。漁師たちの集まりの席や、町へ繰り出すときなど、ドンザを颯爽とはおって出かけたそうです。

仕事着のドンザ、晴れ着のドンザ。そのどちらのドンザにも刺し子が施されていますが、それは祖母や母、妻が漁師である夫や息子、孫たちのために、一針ひとはり、心をこめて刺したもの。豊漁や船の安全を願い、祈りをこめてつくられました。

協力・写真提供／瀬戸内海歴史民俗資料館、公益財団法人四国民家博物館
参考／『福岡市博物館開館15周年記念特別企画展 ドンザー知られざる海の刺し子ー展』（2005年 福岡市博物館発行）

沼島で出会ったドンザに施されていた美しい刺し子

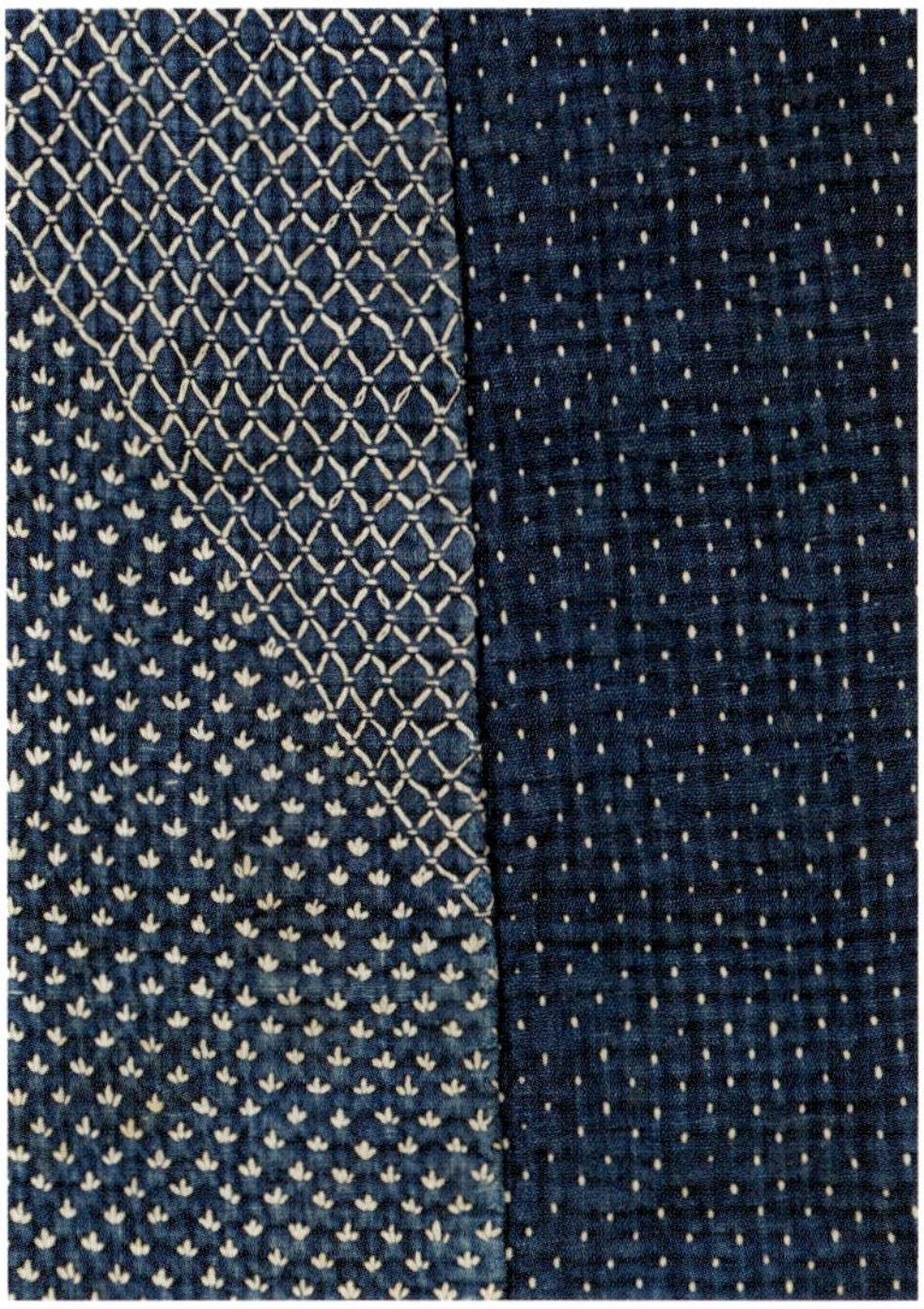

そして国生みの島、沼島へ
ドンザに会いに

淡路島の土生《はぶ》港から船に乗って10分。
沼島は、国生みの島。はるか昔、神々がつくりだした
最初の島「おのころ島」だといわれています。
山下絵里さんとあまづつみまなみさんが出会い、
感動したという沼島のドンザ。
おふたりと一緒に会いに行ってきました。

沼島で出会った
3着のドンザ

はるか昔、天つ神がイザナギの命とイザナミの命の二神に神聖な天の沼矛を授け、国造りを命じました。二神はまず、天の浮橋に立ち、授かった矛で、混沌とした世界をかき回しました。潮をゴロゴロと鳴らし、引き上げた矛の先から、落ちた雫が固まって島になりました。それがおのころ島。空から見ると、勾玉のかたちをしている、現在の沼島だといわれています（諸説あります）。

この島で、山下さんとあまづつみさんがドンザに会えたのは、いくつかのご縁がかさなったからでした。おひとりは、神戸から沼島に移住し、行政のみなさんとともに島と人を結ぶ活動をしている「島じかんプロジェクト」の内藤美貴子さん。この方を通じて、沼島の漁師さんでドンザを大切に保管されていた神邊さんとご縁がつながり、ドンザを見せてもらうことができたのでした。

「展示されているものではなく、漁師さんたちが暮らしのなかで着られていたものだと思うと感激しました。刺し子も

すばらしかったですね。徳島から偉い人を江戸に運ぶときに着ていたという話があるそうで、仕事というよりは、晴れ着のようでした」とあまづつみさん。

3着残されていたと聞いて、少し驚きました。なぜなら、布である衣服はぼろぼろになるまで使い古されるため、あまり残っていないと聞いていたからです。貴重なドンザ。3着のドンザを「沼島として大切に守っていこう」という話もあるそうです。

藍で染められたドンザ。すべてに美しい刺し子が施されています。一針ひとはり想いをこめた針仕事。細やかな仕事です。身内の女性たちが刺し子をすることが多いなか、淡路島には、こうしたドンザの刺し子を専門の仕事とする女性たちがいたという話も聞きました。

港で撮影していると、島の人たちが声をかけてくれます。「昔はオーバー代わりに着ていた」「腰までの短いものは〝こしぎり〟と呼んでいた」。など、いろいろな話をしてくれました。また、かつて島にはドンザに似た〝沼島オーバー〟と呼ばれる衣服があったと、教えてくれた人もいました。

何代にもわたって大切にドンザを保管されている
神邊與司一さんの息子さん、神邊武さん

HG3-35475

海と島に育まれた、美しい装い

You are what you wear.

港の前で、漁師さんのドンザをお借りして撮影。手にするとずっしり重い。
防寒や潮を防ぐ役目を果たしたと聞いて納得

それぞれの藍との暮らしの先に生まれるものは……。

山下さんとあまづつみさんは、淡路島、沼島、滋賀で藍を育て、それぞれ自分の作品につなげています。

「山下さんの藍染めの生地が『島のふく』になったように、これからも藍染めや刺し子などの技術を服づくりにいかしていきたい。また、それらの技術を何かほかの方法で残していかなくてはと思っています。一度消えてしまったら、未来へつなぐことができません」。つなげていくこと——。彼女たちがドンザを通じて、島の人たちから教わったことです。

あまづつみさんはいま、藍染を未来へつないでいくために、現代の野良着「ノラふく」を制作。滋賀県の「紺喜染織」に2年間通って藍を染めています。あまづつみさん曰く「沼島は生み出す島なんです。土地の持つパワーが違います」。

淡路島に暮らすふたりの女性から生まれた、島のいろと島のふく。それぞれの藍との暮らしの先に生まれるものは……。想像するだけで、わくわくしてきます。

上：神戸から移住したご家族の息子さん、たいくんに上立神岩まで案内してもらいました。立派な島のキッズガイドです
下：上立神岩（かみたちかみいわ）／イザナギの命とイザナミの命が、巨大な柱の周囲をまわって婚姻をおこなったという「天の御柱」だといわれている。中央にハートの形のくぼみがある

人をむすび、思いを染める

粟島発　誰かのための染物店

2015年、粟島に一軒の染物店ができました。店主は、アーティストの松田唯さん。島の人たちの思い出や出来事をお代に、ひとり一人の物語を布に染めて納品します。ある日、お店に、島のお母さん松田悦子さんから1枚の注文書が届きました。「粟島の女性にウエディングドレスを着せてあげたい」。ふたりの松田さんと、粟島のお母さんたちのウエディングドレス・ストーリー。

取材・文／池田早都子　写真／松田 唯、池田早都子

島の色に染まった、笑顔の花嫁。

高知在住の布作家、松田唯さんが粟島に来たのは、2014年のこと。2010年から毎年開催されている「粟島芸術家村アーティスト・イン・レジデンス」の招聘作家として、はじめて粟島を訪れました。

「何をしようかと考えていたとき、島の人たちの話がおもしろいことに気づいたんです。粟島にはかつて、『粟島海員学校』がありました。元船員だったという島のおじいちゃんに話を聞くと、世界中を旅した思い出や変わった土産もの、海の上で生きる知恵など、どれもとてもおもしろかった。そこで、島の人が持っているエピソードをお代にした染物店を開くことを思いついたんです」

それがアートプロジェクト「誰かのための染物店」のはじまりでした。染物店には島の人たちから、さまざまな注文が入りました。「お店の看板になるようなモンペをつくって欲しい」。毎年母の日にはお子さんからお花をもらっている人からは「ストールの注文」。白い布が色とりどりの花で染められました。ほかにもたくさんのエピソードが、のれんやエプロンなどの染物になって納品されました。

そして2015年7月。松田悦子さんから注文書が届きます。「粟島の女性が年齢に関係なく、若々しくいられるための、節目に着るウエディングドレス。夢よ、もう一度！」。唯さんはそのドレスを、島の人たちと一緒に染めることにしました。悦子さんの注文書に「島の女性たちに着てもらいたい」と書いてあったからです。唯さんは女性たちにいくつかの質問を投げかけました。そのひとつが「島に嫁ぎ、島に暮らして、あなたはどんな色に染まりましたか」。

「どこまでも広い空の青」、「夏に光る海ホタルの水色」、「一年中鮮やかな畑の緑」、「夜明けの曙色」、「旦那さんが好きなウイスキーの琥珀色」……。その答え

海と島に育まれた、美しい装い

You are what you wear.

れも、粟島の風景から生まれた色でした。そして、それぞれのご夫婦が、これまで一緒に歩いてきた人生から生まれた色でした。

みんなで染めて、縫い上げた、世界にたったひとつのドレス。唯さんは結婚後に着るという意味から「アフターウエディングドレス」と名付けました。

島のお母さんたちのほとんどは着たことがなかったというウエディングドレス。30～80代まで19人の島の女性たちが交代で着て、それぞれの思い出の場所で、写真を撮影しました。

そこに写っていたのは、幸せ色の笑顔に染まった粟島の花嫁たちと、恥ずかしそうに微笑む6人の花婿の姿。悦子さんの注文書の最後の一行、「夢よ、もう一度！」を、無事納品した瞬間でした。

粟島（あわしま）

香川県三豊市詫間町にある須田港から定期船に乗り、15分ほどで到着する周囲16.5km、人口257人の島。（2016年1月1日現在）

ふたりの
松田さんに
インタビュー

ドレスで島がひとつになった。

注文した人　松田悦子さん

松田悦子（まつだ・えつこ）

愛称「えっちゃん」。粟島在住歴50年以上、漁で使うブイを使ったブイアートを作る、粟島生粋のアーティスト。

いままで交流がなかった人同士でも、ひとつの作品をみんなでつくると、島のなかの繋がりが密になったなあ。それが島のみんなでドレスをつくった収穫やったね。着たときも本当おもしろかったんで！　肩を出すのが恥ずかしいという人がいるかと思って、ストールもつくったんやけど、撮影のときにつけたのは結局ひとりだけ。

山北友好さん（84歳）は「2年ぶりに母ちゃんの肌見た」って喜んで。山北幸男さん（73歳）は奥さんのあさよさんを見て「きれいや、きれいや」ってずっと言ってた。坂詰さんの旦那さんは、最初は嫌がってたけど、いざ着たら気に入って、この写真を坂詰さんの故郷の新潟に送りたい、って言い出したん。

ドレスを着るのを渋ってた人を説得するときの誘い文句は「これからの人生で一番若い日が今日なんやから、いま着なあかんので！」。

みんなが一緒に楽しんで、ニコッとしてもらえたのが一番やね。

悦子さんがつくるブイアート

アフターウエディングドレスができるまで

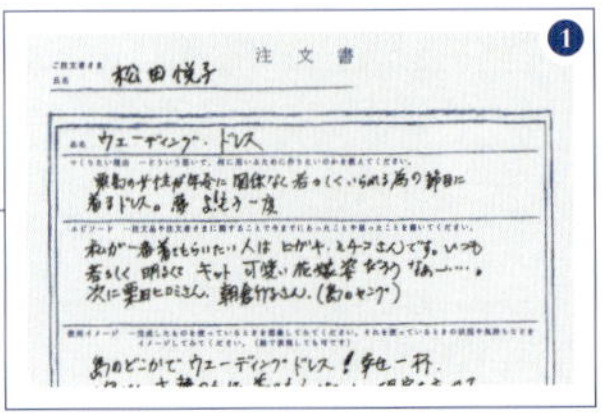

こちらが注文書。ワークショップを開いて、みんなの思いから染める色を決めました

1枚目の布は「粟島の海と空の色」をイメージ。手作業で染めます

3枚目は「芋虫が蝶になった様子」がテーマ。蝶はドレスを着た自分自身をイメージ

染物の変化、その物語を見続けたい。

アーティスト　松田 唯さん

松田悦子さんからウエディングドレスの注文を受けたとき、最初はひとりで作ろうと思っていました。けれど、注文書には「島のおばあちゃんに着せたい」とあったので、私が色を決めるよりも、島の人たち自身で染めたほうがよさそうだなと思いました。「結婚後、自分はどんな色に染まりましたか?」「家族のイメージを色にすると?」といった質問の答えを統合して、島の人たちに4メートルの布を3枚染めてもらいました。それから私がドレスの型をつくり、島の方が手縫いで仕立てたんです。

「誰かのための染物店」で作った染物はいまもすべて粟島の発注者たちが持っています。「アフターウエディングドレス」もそうです。

布は身にまとえるし、生活の中にとけ込んで、寄り添えるもの。私の作品はアートともいえるけど、いつも身近にある〝生活品〟なんです。アーティストによっては、よくできた作品は自分で持っておきたいという人もいますが、私はあまりそう思いません。よくできたものこそ誰かに持っていてもらいたい。それは、染物だけじゃなくて発注者や着る人の顔や、まわりの風景も作品だと思っているからです。

もし今後ドレスを展示する機会があれば、たとえばシミがついたり土がついたり、そういう状態も含めて展示したいです。発注者の手元で、どういう風に染物が変化していくのか、その物語を見続けたい。使うことで、また新しい物語ができていく。それも全部含めて、粟島を表すような作品になったらいいなと思っています。

松田　唯（まつだ・ゆい）

大阪府生まれ高知県育ち。2011年、東京芸術大学大学院美術研究科先端芸術表現専攻を修了。現在、高知を制作拠点に、布・衣装作家として全国で活動中。「瀬戸内国際芸術祭2016」秋会期にて粟島で作品展示予定。 http://matsudayui.net/

4

色を定着させるために布を干します

5

縫う作業も島の人たちが手伝いました。同じ布で作ったヘッドドレス

＼完成／

現在は松田悦子さんが所有。「民宿ぎんなん」のお客さんが着ることも

もっと詳しく知りたい方は「誰かのための染物店　営業ノート」をご覧ください。
http://darekano-tameno-somemonoten.tumblr.com/

島の色に染まった花嫁・花婿たち

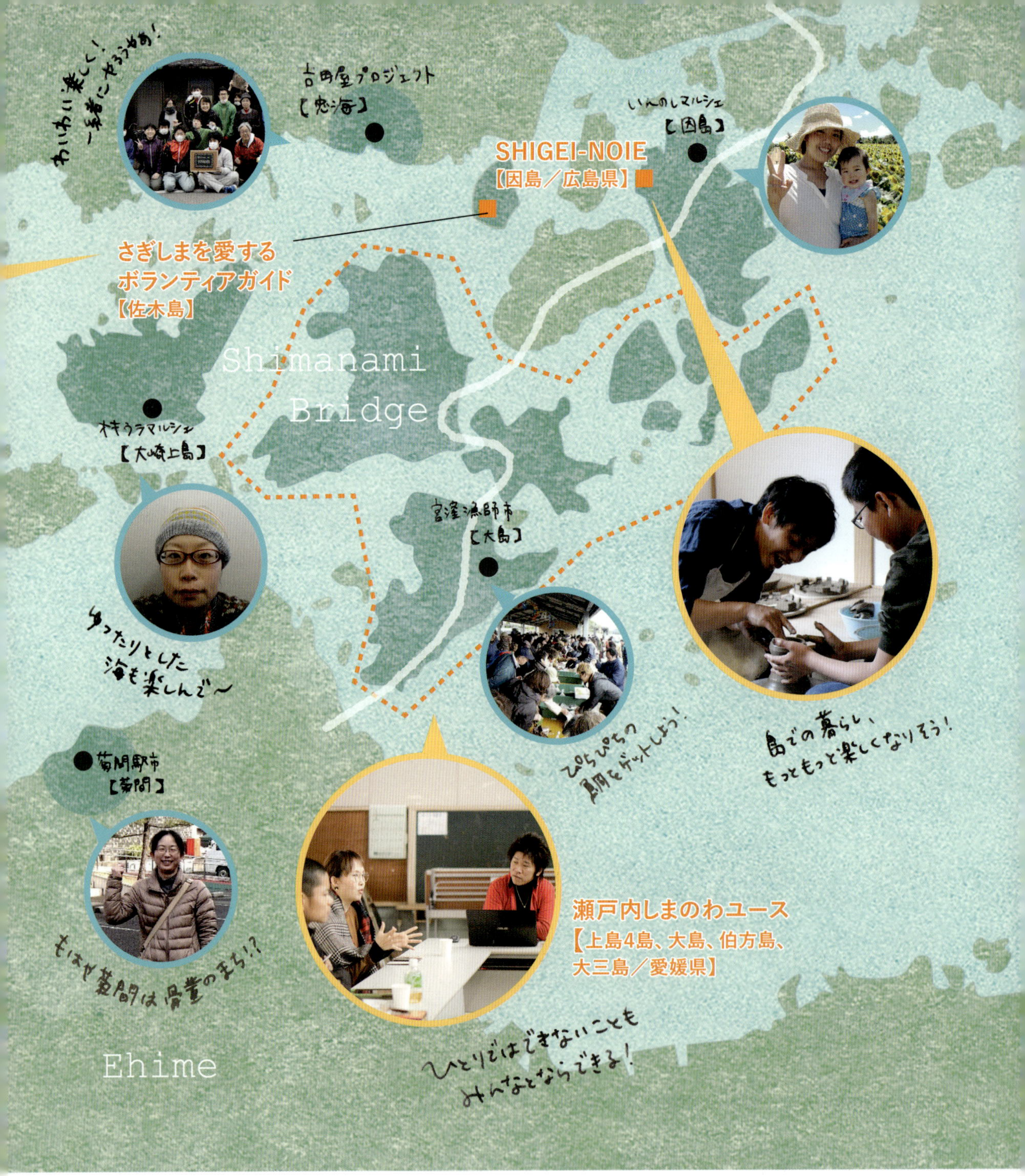
わいわい楽しく！
一緒にやろうやぁ！
吉田屋プロジェクト
【忠海】
いんのしマルシェ
【因島】
SHIGEI-NOIE
【因島／広島県】
さぎしまを愛する
ボランティアガイド
【佐木島】
Shimanami
Bridge
オキウラマルシェ
【大崎上島】
宮窪漁師市
【大島】
ゆったりとした
海も楽しんで〜
【菊間】
ぴちぴちの
鯛をゲットしよう！
島での暮らし、
もっともっと楽しくなりそう！
もはや菊間は骨董のまち!?
瀬戸内しまのわユース
【上島4島、大島、伯方島、
大三島／愛媛県】
ひとりではできないことも
みんなとならできる！
Ehime

な人たち

自分のまちでよりよく暮らすために、何ができるか。暮らし方だって、生き方の表現のひとつ。最初は小さな思いつきが、人と人をむすび、やがてその土地ならではのスタイルが醸成されます。そんなソーシャルな活動を通して、「瀬戸内スタイル」な暮らしを楽しむ人たちをご紹介します。

取材・文／小西智都子　写真／村上 錠

Hiroshima
98base
【玖波】
ものづくり好きさん集まれ！
えたじま手づくり市
【江田島】
お寺が地域にできること、
まだまだある気がするんです
佐木島の海に
癒されにおいで〜
べにふうきは
花粉症にもええんよ！
べにふうき茶栽培
【中島】
気軽に
島時間を
楽しみにきて!!
大好き中島
瀬戸内の再会桜
【中島】
島の人もそうでない人も
みんな中島の桜を
見においで〜！
松山を本で
盛り上げたい！
しまのテーブルごごしま
【興居島】
ブックマルシェ【松山市】
SETOUCHI
瀬戸内
THE INLAND SEA IS THE MOST BEAUTIFUL IN THE WORLD
しまのわ
HIROSHIMA EHIME

しまのわがつなぐ
瀬戸内スタイル

因島
（広島県）

島と、ものづくりと、行動する陶芸家。

吉野 瞬さん（工房一会）

「SHIGEI-NOIE」の店内。使わなくなった倉庫を借り、資材や窓枠など、島のものを上手にいかしてリノベーションしている

ないなら、つくればいい。

「戸棚は小学校の理科室にあったもの、床は造船所の足場板をもらってきて。そのガラス瓶は、よく遊びに来る子どもたちが海岸で拾ったシーグラスを入れていくんですよ」。古い民家にセンスよく集められたモノたちが、主人の日常を物語っている。

訪れたのは、因島（広島県）の陶芸家・吉野 瞬さんの新しい工房。この日はお披露目会とあって、リノベーションで生まれ変わった民家には、朝からお客さんがひっきりなし。途中、近所の人が焼き鳥を差し入れてくれた。「お腹いっぱい食べていきなさいね」。見知らぬ私たちにも温かい声をかけてくれる。空間も、人も、すべてが朗らかで心地いい。

吉野さんが因島へ移住したのは4年前のこと。栃木県の益子で8年間修業した後、広島で開いた初個展のお客さんが因島との縁をつないでくれた。

「海の側に住みたくて。この海さえあれば、落ち込んでもまたがんばろうって思えるから」。吉野さんは、早速、海が見える小さな家を借り、ひとりろくろを

1 造船所の足場板を使った床　2 「吉野ストライプ」と呼ばれる吉野さんの代表シリーズ　3 新しい工房は、白を基調に明るい空間　4 ご近所さんから手づくりの差し入れ　5 大家さんもお祝いに。吉野さんを陰から支える応援団だ　6 新しい作業場。ここからどんな新作が生まれるのか

SHIGEI-NOIE
シゲイノイエ

広島県尾道市因島重井町1681-1
問合せ　090-6418-8316
営業　金・土・日曜 11:00～16:00
（月～木は2日前までに要予約）
http://www.shigei-noie.com/

※今回ご紹介した新工房の見学をご希望の方は、事前にSHIGEI-NOIEのHPからお問い合わせください。

ひきはじめた。

島に住みはじめてからは、「運動会に出て、輪回しができなくて大恥かいたり、保育所の餅つきを手伝ったり」。自治会や隣組に参加するうち、次第に島の人たちとも顔なじみに。そんな中、島でデザインやものづくりを生業にする人たちがつながる場がないとわかると、2013年、金属作家の向井秀史さん、デザイナーの岡野琉美さんと3人で「ART GALLERY シゲイノイエ」をオープンさせた。新しいアジトでは、作品づくりはもちろん、島の音楽家とジャズライブを開くことも。いつのまにか島の人たちも加わって、まるで島に眠るお宝を蘇らせては、新たな価値を生み出す実験場のようだ。

「大事なのは、長い目でちゃんとやれるかどうか。一瞬楽しくても続かないですから。飽きたから止めようじゃ、手伝ってくれた島の人たちにも申し訳ない」。

不自然なカタチにはいずれ無理が生じる。でも理にかなったカタチには美が宿る。民芸を志し、修業を重ねてきた彼ならではのブレない軸が、自由でしなやかな活動を支えている。

吉野さんの器が買える所…SHIGEI-NOIEのほか、高松三越（3/29～4/3）、京都タカシマヤ（4/13～19）の催事にも出品します。

上島町4島
大島・伯方島
大三島
（愛媛県）

新しい公共《パブリック》をつくる

瀬戸内しまのわユース

昨年企画した「みきゃんと行く! しまなみワクワク体験モニターツアー」。大島、伯方島、大三島の3島を、島民だから知っているとっておきメニューで案内した

自分が住む島だけでダメなら、多島で勝負

たとえば「隣町の人たちと一緒に何かやろうよ」。こんな何気ない思いつきも、島では少し勝手が違う。隣の島は海の向こう、ましてや島によって生業も気質も違う。地続きの土地とは比べものにならないくらい頭も体も使わないといけないと、ずっと思い込んでいた。

ところが「瀬戸内しまのわユース」の面々は違う。たとえば、大島の漁師から「海岸の漂流ゴミや海底の投棄ゴミを何とかできないか」と声が上がれば、「そりゃ他の島もみんな同じじゃね」と、5島と対岸の今治市で清掃イベントを同時開催する。また、ある島で独居老人の引きこもりが深刻だと聞くと、「声をかけるきっかけさえあれば、地域の行事にも誘えるのに」、「だったら掲示板をつくりゃあええやん」、「ダンボールで手づくりワークショップやろうよ」。島が隔てられているなんてお構いなしに、どんどんできること、やれることが見えてくる。

会が発足したのはちょうど1年前。2014年に広島県と愛媛県の島々や沿

ある日の作戦会議

お客さんに一人暮らしの
お年寄りが多くて。
地域で色々行事はあるけど
みんな知らないんよね。

村上純子さん
（伯方島／美容院経営）

だったらダンボールで
掲示板つくったら。
ワークショップできるよ。

田窪良子さん
（伯方島／会社員・発達障害支援）

いいね。
おっしゃ、決定！

大木鉄兵さん
（大島／飲食店経営）

島の歴史を
テーマにしたツアー
やりたいですね。

瀬戸洋樹さん（大三島／農業）

日本海と瀬戸内を
つないで、
「やまなみ×しまなみ」
企画をやりたい！

菅森実さん
（大三島／会社員）

島で野外フェス
やろうよ！

馬越易里さん
（伯方島／神社職員）

将来、
自家焙煎の
珈琲専門店を
やりたいッス！

鹿庭敬太さん
（伯方島／地域おこし協力隊）

KANIWA COFFEE
カニワ珈琲
KANIWA COFFEE

●この日欠席だった3人を加えて現在メンバーは10人に。藤本純一さん（大島／漁師）、砂川温尋さん（上島町／飲食＆宿経営）、古本蒼志さん（上島町／会社員）

瀬戸内しまのわユース
https://www.facebook.com/setouchishimanowa/
※今後の活動の詳細は、随時facebookでお知らせします。

岸地域で開催されたイベント「瀬戸内しまのわ2014」を機に、岩城島（上島町）、大島、伯方島、大三島に住む若者6人で結成した。加入条件は20〜49歳まで。言うならば、地域づくりの広域青年部といったところ。終始笑い声の絶えない彼らだが、議題に上るのは島ならではの暮らしづらさなど、決して楽しいことばかりではない。それでも、代表の大木鉄兵さんは「自分の島には、こんな話ができる仲間がおらんかった。でも島をつなげば解決できるって『しまのわ』でわかったから」とにっこり。「ぼくらひとり一人がやりたいことはさまざまだけど、視点が同じなんよ。〝ここ〟で楽しく住み続けるにはどうすればいいか」。

彼らの言う〝ここ〟とは、自分が暮らす地域であり、島であり、瀬戸内という大きなエリアでもある。小さな島もくくり方を変えれば、大きな可能性が見えてくる。今年のスケジュールはすでにてんこもり。やりたいことは、まだまだたくさんある。今度は何をやらかしてくれるか。彼らの挑戦ははじまったばかりだ。

佐木島（広島県） 海浜セラピーで癒されて

さぎしまを愛するボランティアガイド

1 砂浜でのんびりストレッチ　2 さぎしまを愛するボランティアガイドの皆さん　3 お昼は島名物のヒジキやわけぎ、旬の野菜を使ったセラピーランチでお腹も癒されて　4 五感を使って砂浜散歩。午後からは希望に応じて、山をウォーキングすることもできる

島の当たり前を宝にする

三原港のすぐ目の前に浮かぶ佐木島は、ウォーキングやトライアスロンで知られる自然豊かな島。その佐木島で、いま、日本初の「海浜セラピー」が注目を集めている。

「佐木島は小さい島だから、360度どこからでも海が見渡せる。山も海も両方楽しめるんですよ」と話すのは、「さぎしまを愛するボランティアガイド」の奥野征代さん。

広々とした砂浜で、まず穏やかな景色に目で癒され、波の音と鳥の声に耳を傾ける。ぎゅっ、ぎゅっ、と足の裏で砂を捉える感触。磯の香り、海水のしょっぱさ。そして最後は叫ぶ？「海に向かって思いっきり大きな声を出すと心も体もスッキリしますよ」。お腹の底からありったけの声を出し切ると、なんだか体が軽くなった気がする。

それから砂浜にマットを並べて、ゆっくりストレッチ。寝転がって天を仰ぐと、大きな空がなんとも気持ちがいい。

しかもこの癒し効果、県立広島大学との共同研究で科学的に実証済みというからさらに驚かされる。目下の悩みは、島の人たちに癒し効果が伝わりにくいこと。なぜなら、島の人にとっては毎日がこの環境なので、当たり前すぎて効果が実感できないから、というううらやましいお話。島の当たり前が、癒しの聖地になろうとしている。

海浜セラピー inさぎしま

日　時	2016年5月14日(土)、6月26日(日) 10:00〜14:00
参加費	2,500円(昼食付)
定　員	20人(要予約)
問合せ	鷺浦コミュニティセンター ☎0848-87-5004

佐木島のおすすめ情報…「塔の峰千本桜」は桜の名所。4/1(金)〜10(日)まで、向田港(佐木島)で「さくらウィークテント市」を開催。

1 製麺は香川仕込みの本格派。彩りがよくパスタ風にしてもおいしい　2 みかんうどんの生みの親、山﨑八生さん　3 最初は背丈より低かった桜が10年でこんなに大きく　4 桜祭り用のスペシャル版。広島県産カキ入り

島想いのみかんうどん

NPO大好き中島瀬戸内の再会桜

ふる里の心のシンボルに

「一年に一度、島の桜の下で再会しよう」。そう願いながら、桜を植え続ける人がいる。「花咲かやよいちゃん」こと山﨑八生さん。みかんの産地として知られる中島で、これまでに千本の桜を植えてきた。

きっかけは、年々減っていく島の人口を憂えてのこと。「若い人はみんな島を出るし、残った人たちも高齢化していく」。少しでも島を活気づけられたらと、2006年、仲間とNPOを立ち上げた。

志はよかったが、人も資金も手弁当では到底続かない。仕事と家庭と桜の両立に、体はすぐに悲鳴をあげた。しまいには「夢は寝て見ろ」とご主人の厳しい一言。そんなとき、思いついたのが島のみかんジュースを練りこんだ「みかんうどん」だった。もとは山﨑家で30年続くアイデア料理。それを商品化すれば資金調達もでき、一年じゅう中島みかんを宣伝できる。島外のイベントで根気強く販売し、いまでは新しい仲間も増えた。

植樹をはじめて10年。「毎年楽しみやなぁ」と、心待ちにしてくれる島の人の笑顔が何よりの励み、と山﨑さん。「島を出た人は、待っていてくれる親がいなくなったらなかなか島へは帰れん。いつでもいいから帰っておいで。桜の咲く頃に、また島で会いましょう」。今年も中島の再会桜が待っている。

NPO大好き中島瀬戸内の再会桜

みかんうどんは、島内の取扱店、または以下の方法で購入できます。（2人前だし付600円＋税）

●ネット販売…松山特撰市場（木箱入り）
http://enmusubi.biz/

●注文…TELまたはFAXかメールで下記宛にご注文ください。
NPO大好き中島瀬戸内の再会桜
☎&FAX 089-997-1218
E-mail daisuki_nakajima@live.jp

再会桜の桜祭り情報…4/9（土）、10（日）10:00～。会場は大浦港（中島）周辺。希望者は「NPO 大好き中島瀬戸内の再会桜」へ要予約。

「瀬戸内スタイルな人」に会いに行こう

土地の魅力を知るには、そこで暮らす人に会うのが一番。そこで、「瀬戸内スタイルな人」たちが集う交流拠点や、その土地ならではの体験ができるイベント、ご当地マルシェをご紹介します。

●＝スポット　●＝体験　●＝マルシェ

忠海
広島県

忠海《ただのうみ》で、今一番アツい場所

築150年の元商店を活用し、地域をつなぐ新しい交流拠点として 2015 年秋スタート。忠海の歴史を伝えるガイドツアーやトークイベントのほか、3月からは毎月第3土曜をオープンデーに。

吉田屋プロジェクト

広島県竹原市忠海中町 2-21-21
facebook　忠海、吉田屋プロジェクト
https://www.facebook.com/yoshidayaproject/
※公開情報の詳細は、facebook でご確認ください。

中島
愛媛県

メイドイン瀬戸内の紅茶をつくろう

中島の休耕地を使って育てられる「べにふうき茶」の茶摘みと紅茶づくりを体験。「べにふうき茶」には抗アレルギー効果もあるとか。できあがった紅茶は土産物に。

茶摘み体験としまのわ紅茶づくり

開催日　2016 年 4 月 29 日（祝）、30 日（土）
10:30～15:00 ごろ（10:15 神浦港（中島）集合）
場　所　愛媛県松山市中島粟井地区
参加費　ひとり 2,500 円（昼食付）
申　込　希望日の 5 日前までに TEL 又は FAX で申込み
問合せ　べにふうき茶栽培グループ
☎089-997-0810（金子）

玖波
広島県

つくる・みせる・つながる モノづくりの新拠点

大竹市で活動するものづくり LLP「PiNECoNeS」の新拠点。空き家をリノベし、1階はフリースペース、2階では不定期雑貨「osaji」がオープンする。大竹和紙の存続活動にも取り組み中。

98base（クバベース）

広島県大竹市玖波 1-6-2
問合せ　pc@pine-cones.org
https://www.facebook.com/98base/
※公開情報の詳細は facebook でご確認ください。

興居島
愛媛県

フェリーで 10 分、気軽に島時間が味わえるカフェ

廃校になった小学校を使い、週末だけオープンするカフェ。島育ちの食材を使った野菜カレーや柑橘ジュースのほか、バーベキュー（予約制）も。電動レンタサイクルで島散歩もおすすめです。

しまのテーブルごごしま

愛媛県松山市泊町 618-10
問合せ　090-3780-3960
営　業　土曜・日曜・祝日の 11:00～夕暮れまで
※高浜港から興居島（泊港）へフェリーで約 10 分、
泊港から徒歩 2 分。

因島
広島県

青空の下で大人も子供も楽しめる

手づくり雑貨 & フードをはじめ、ダンボールを使った遊具の「ダンボールハウス」など、大人も子供も楽しめる青空マルシェ。会場となる因島フラワーパークでは色とりどりの花が見頃に。

いんのしマルシェ

日　時　2016年5月7日(土)10:00〜15:00(小雨決行)
場　所　尾道市因島フラワーセンター
（広島県尾道市因島重井町 1182-1）
問合せ　☎080-1929-5018（本部）

江田島
広島県

お寺でふれあい、島内外をつなぐマルシェ

春と秋に開催される光源寺の名物市。雑貨や食べ物など手づくりの品々が持ち寄られるほか、地元の子供たちの劇や住職の法話も。子供からお年寄りまで楽しめるアットホームなイベントです。

えたじま手づくり市

日　時　2016年5月1日(日) 10:00〜15:00(小雨決行)
場　所　光源寺（広島県江田島市能美町高田 3093-1）
問合せ　☎090-9502-2889（光源寺 海谷）

松山市
愛媛県

文学のまちに、本好きが集う

文学のまち松山を本で盛り上げようと、四国じゅうの古書店等が勢ぞろい。前回は約1万5千冊の本が集まった。今回は京都や岡山からも参加決定。ぜひ本と出会う楽しみを体感したい。

松山ブックマルシェ

日　時　2016年4月23日（土）、24日（日）
10:00〜17:00（24日は16:00まで）
場　所　若草幼稚園（愛媛県松山市味酒町3-5-1）
問合せ　☎090-1574-4669（トマト書房・田村）

大崎上島
広島県

島の人たちのあったかマルシェ

毎年春と秋の年2回開催。島育ちの新鮮な野菜や果物や手作り雑貨のほか、大道芸のパフォーマンスも。地元の高校生や大学生も一緒に、島の人たちがつくるアットホームなマルシェです。

オキウラマルシェ

日　時　2016年4月10日(日)
9:30〜14:00（雨天決行）
場　所　沖浦港前ひろば
（広島県豊田郡大崎上島町沖浦）
問合せ　☎080-5066-7010（當麻）

菊間
愛媛県

骨董やレトロ雑貨の充実度がすごい！

鬼瓦のまちとして知られる菊間町。そのＪＲの無人駅で3か月に一度開催。骨董やレトロ雑貨、古道具を中心に、手作り雑貨やフードスタンドも含めて50店以上が集まる。

菊間駅市

日　時　2016年5月22日(日)
10:00〜15:00
（小雨決行）
場　所　JR 菊間駅周辺
問合せ　☎090-7782-1405

大島
愛媛県

島の魚が新鮮！うまい！安い！

毎月第1日曜に開かれる大島の名物市。漁師さんから直接買うので、味と鮮度は折り紙付き。5月は年に一度の抽選会も。あっという間に売り切れるのでお早めに。

宮窪漁師市

日　時　毎月第1日曜（なくなり次第終了）
8:30 頃〜魚の競り
9:00〜販売開始
9:30〜お楽しみ抽選会（5月のみ）
場　所　宮窪漁港
（愛媛県今治市宮窪町）
問合せ　☎0897-86-2130
（平日 8:30〜17:00）

香川県で開催中！「石川直樹の写真学校」

写真家の石川直樹さんによる写真学校が、2015年の春にスタートしました。
場所は、東京でも大阪でもなく香川県高松市。
講義は全10回のうち6回目の折り返しを年明けに終了し、
参加者の写真家魂にもなにかしらの変化が。
そんな現場の様子をお伝えします。

取材・文／山下亜希子　写真／佐々木陵子、大池 翼

そもそものきっかけは、本誌12号の特集、石川直樹さんのインタビュー取材でした。その年の秋、高松市で石川直樹さんのトークイベントが実現。その盛況ぶりに、石川さんは四国で写真を志す人たちの可能性を感じたそう。その後、地元メンバー（現事務局）による熱烈アプローチを経て、「石川直樹の写真学校」の開講が決定。香川県周辺のみならず山陰地方や関東からも応募が集まり、２０１５年の春にスタートしました。

　気になる内容は、毎回、石川さんのお話や写真集のレビュー、ゲスト講演（ゲストを招いた会のみ）、ポートフォリオレビューといった流れ。決してカメラの使い方や構図を習うわけではなく、参加者それぞれが持っている「写真家としての考え方」を育むことが目的です。イメージとしては、大学のゼミに近いかもしれません。

　講義の冒頭にある石川さんのお話は、写真の歴史だったり、受講生に知ってほしい写真家の話だったり、毎回テーマは違えど、あらゆる角度から写真にアプローチできる内容。写真集のレビューもしかりで、受講生が持ち寄った写真集を「いい、悪い」で批評するのではなく、読み解き方をわかりやすく教えてくれます。ゲストも、撮り方やテーマの違う写真家を招聘。受講生が「写真とはなにか」を解き明かすためのヒントをくれているのです。

そして、最後に長時間にわたっておこなわれるのが、ポートフォリオレビュー。これは、受講生それぞれが撮りためた写真を披露し、石川さんのアドバイスを受けるというもの。ここではじめて厳しい意見が飛ぶこともありますが、それも参加者それぞれの写真に向き合うからこそ。むしろ、厳しく言われたほうが、引っ張り上げてもらっていると実感できます。

「なにを撮るかではなく、なぜ撮るかを考えたとき、必然的に自分に向き合うことになり、ときには悩むこともあるでしょう。けれど立ち止まらず、受講生同士で励ましあって、少しずつ新しい世界を見つけていく過程を見ると、石川さんに写真学校をお願いして本当によかったと思います」と、事務局代表の佐々木陵子さん。

ほぼ月に一度、香川県に集まって生みの苦しみを味わっている写真家の卵たち。数年後、この「石川直樹の写真学校」から、いったいどんな写真家が世に飛び出すのでしょうか。

これまでのゲストは、北海道で活躍する写真家の露口啓二さん、『日本カメラ』の編集者であり写真家の村上仁一さん、20代の女性写真家、真鍋奈央さん。石川さんからの質問を通じて、ゲストの写真家としてのスタンスが浮き彫りになる

ポートフォリオレビューの様子。撮影した本人はもちろん、まわりで見ている他の参加者にとっても勉強になる

石川さんからのメッセージ

この写真学校は、技術を学ぶ場ではなく、写真のことを共に考えていく場です。 写真はボタンを押せば撮れてしまう。美しい写真を撮ることはとても簡単なことです。が、写真のおもしろさはそこじゃない。清濁併せ持つ世界と自分自身との関係 を知るために、写真と向き合う。そんな学校です。皆さん、ぜひご参加ください。

石川直樹（いしかわ・なおき）

1977年東京生まれ。写真家。人類学、民俗学などの領域に関心を持ち、辺境から都市まであらゆる場所を旅しながら、作品を発表し続けている。『NEW DIMENSION』(赤々舎)、『POLAR』(リトルモア)により、日本写真協会新人賞、講談社出版文化賞。『CORONA』(青土社)により土門拳賞を受賞。

6回目終了後にパチリ。多忙な石川さんを見送った後、参加者と事務局で鍋会をするなどして写真トークで盛り上がることもしばしば

SETOUCHI NEWS
小豆島
香川県

瀬戸内の海を愛した俳人の生涯をしのぶ
尾崎放哉《おざきほうさい》生誕記念行事開催レポート

「咳をしても一人」の句で知られる小豆島ゆかりの自由律俳人。その生誕を記念した行事「放哉講話」が、2016年1月17日、香川県土庄町立中央図書館で開催されました。

小豆島で、「放哉さん」の愛称で親しまれる俳人、尾崎放哉（1885〜1926年）。放哉は各地を放浪し、晩年を過ごしたこの島で、貧困・病・孤独の境遇を句に詠みながら、生きることの喜びと悲しみをしずかに見つめました。そんな俳人をしのんで行われた記念行事「放哉講話」には、島内外からおよそ40名の熱心な文芸ファンが参加。

前半におこなわれたのは、尾崎放哉研究家で俳人の小山貴子さんの講演「私が巡りあった―放哉を愛した人々―」です。

1972年、弥生書房から刊行された『尾崎放哉全集』に感銘を受け、大学時代からおよそ40年、放哉の研究を続けてきた小山さんが、みずからの歩みを振り返りながら、先人の研究者との忘れがたい出会い、そして放哉ゆかりの人物や土地を訪ね歩いた思い出を語りました。小山さんは、『暮れ果つるまで――尾崎放哉と二人の女性』という著書を上梓されています。

後半は「私の好きな放哉句」と題し、小山さんも交え、「放哉」南郷庵友の会会員など小豆島で俳人の文学的遺産を守る人たちによる座談会がおこなわれました。5名の出演者が選んだ放哉句は――

寒ン空シヤツポがほしいな
故郷の冬空にもどつて来た
淋しい寝る本がない
心をまとめる鉛筆とがらす
あすは元旦が来る仏とわたくし

はたして「寒ン空」は「さむんぞら」と読むのか、「かんぞら」と読むのか……。放哉を愛してやまない人々による議論は、最後まで尽きませんでした。

座談会には、サウダージ・ブックス編集長の淺野卓夫氏も出演。同出版レーベルからは、放哉を愛する哲学者・西川勝さんのエッセイ集『「一人」のうらに　尾崎放哉の島へ』を刊行しています。（詳細は109ページ参照）

SETOUCHI
TRIENNALE
2016

12 islands of
the Seto Inland Sea
+ Takamatsu and Uno

瀬戸内国際芸術祭2016
はじまります。

瀬戸内国際芸術祭は、3年に一度、瀬戸内の島々を舞台に繰り広げられるアートの祭典。国内外から集まった気鋭の作家たちが、島々に滞在しながら、土地の歴史や島人たちの記憶をひもとき、まさにそこでしか見られない作品を展開しています。それは「アートを楽しむ」場であると同時に、「島を知る」場でもあります。そんな進行形の「瀬戸内国際芸術祭2016」を訪ねました。

《会期》
春｜2016年3月20日～4月17日　29日間
夏｜2016年7月18日～9月4日　49日間
秋｜2016年10月8日～11月6日　30日間

《開催地》
直島、豊島、女木島、男木島、小豆島、大島、犬島、
沙弥島(春)、本島(秋)、高見島(秋)、粟島(秋)、
伊吹島(秋)、高松港周辺、宇野港周辺　12島14会場

SETOUCHI
TRIENNALE
2016

5分でわかる 瀬戸内国際芸術祭2016

今年で3回目を迎え、
作品数も内容もますます充実している
瀬戸内国際芸術祭。
その見どころを6つのキーワードで
わかりやすくご紹介します。

1 テーマは「海の復権」

作品をつくるのはアーティストですが、「瀬戸内国際芸術祭」のもうひとりの主役は島に暮らす人たち。そこにこの芸術祭のおもしろさがあります。そもそも、なぜ島でアートなのか？ 会場となる島の多くは、人口減少や高齢化が深刻な地域。一方、そこには自然と共生する技や、人との絆で結ばれた暮らしなど、島ならではの生活文化が今なお息づいています。アーティストはそうした土地の記憶を島の人たちに学びながら、作品を通して、新しい価値を生み出していきます。コンセプトに掲げた「海の復権」とは、島に残る「もうひとつの日本」を再発見することであり、島のおじいさん、おばあさんの笑顔を取り戻すことでもあるのです。

2 国内外から200組以上。

「瀬戸内国際芸術祭2016」では、30以上の国と地域から200組以上のアーティストが参加。日本にいながら、これほどの規模で国内外のアーティストたちの作品やパフォーマンスが観られる機会はなかなかありません。アート好きはもちろん、そうでない人も、きっと新しいアート体験ができるはず。その際、一度に観るよりも、季節を変えてリピートするのがオススメです。季節ごとに島の景色や旬の食べ物も変わるので、作品とともにいろんな表情の瀬戸内が楽しめますよ。

12島と2港を船で行く。 3

会場となる島々をつなぐのは、船。穏やかな瀬戸内海を眺めながら、島から島へ、船で渡るひとときも、この芸術祭ならではの楽しみのひとつです。また、今回はお得な「フェリー乗り放題3日間乗船券」が登場し、さらにアクセスしやすくなりました。会期中は、臨時航路や増便も整備されるので、ぜひ瀬戸内の多島美と島はしごを楽しんで。いつもよりちょっぴりゆとりを持って計画を立てるのが船旅のコツです。

●フェリー乗り放題3日間乗船券

料金：大人2,500円、小人（小学生）前売り1,250円（芸術祭会期中の高松港発着のフェリーで利用可。犬島、大島は除く）
販売場所：全国の主要コンビニ、公共交通機関(JR西日本ほか)、主要旅行代理店、各種プレイガイド等。（詳細は「瀬戸内国際芸術祭2016」ホームページへ）

■会期中の航路図 ※平成28 年1 月13 日現在

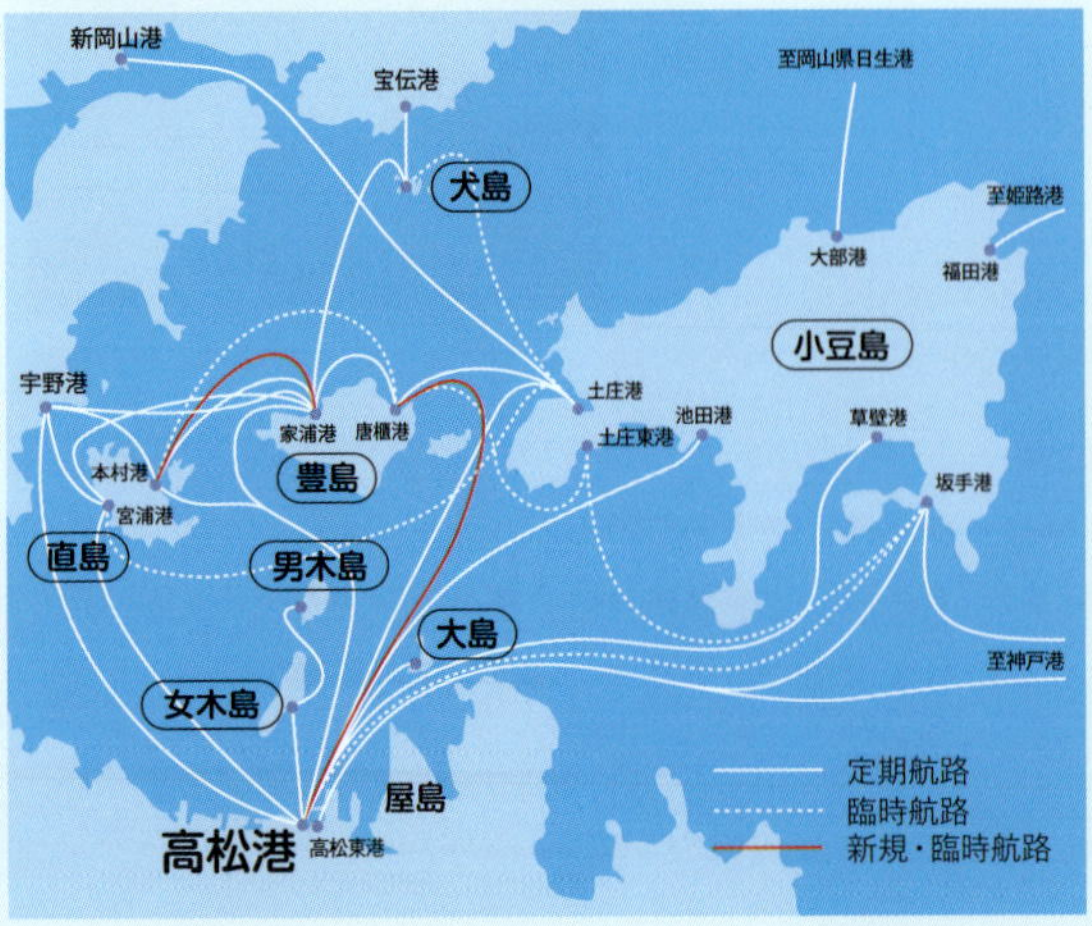

■秋会期の中西讃航路図

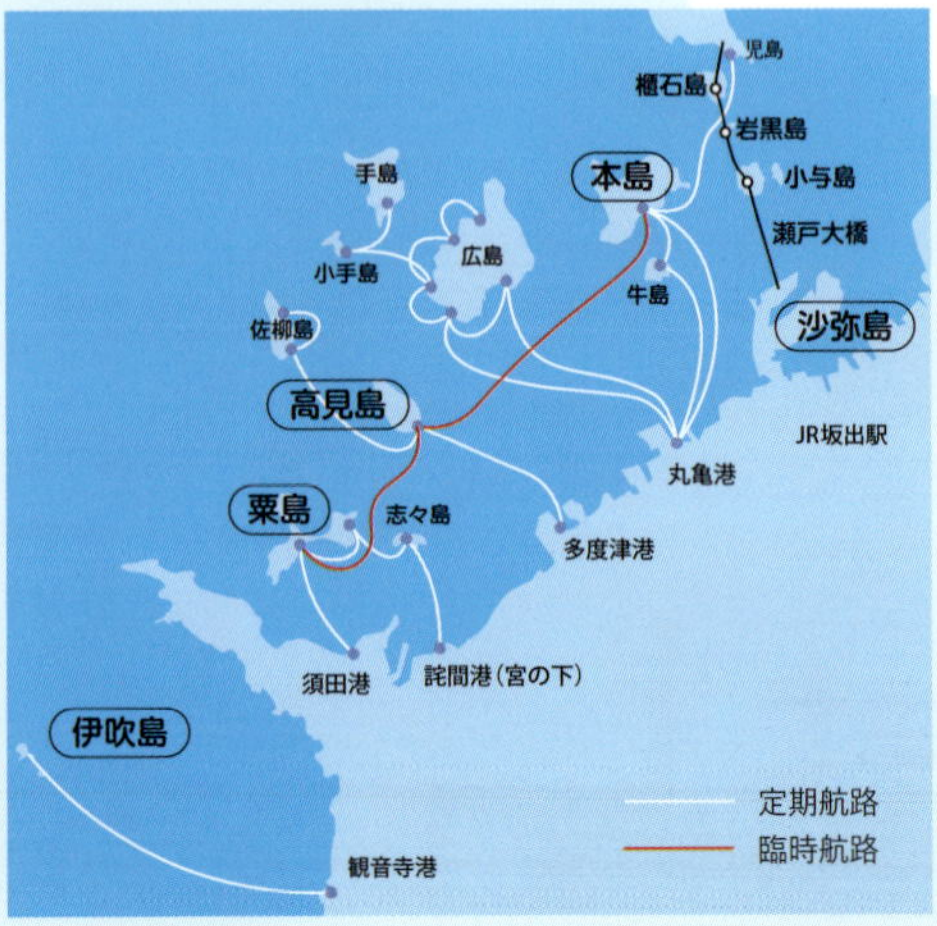

4 海でつながるアジア

海外アーティストの中でも、注目はアジアのアーティストたち。前回に引き続き参加するワン・ウェンチー（台湾／小豆島）、リン・シュンロン（台湾／高松港周辺）をはじめ、初参加のナウィン・ラワンチャイクン（タイ／女木島）やアルフレド&イザベル・アキリザン（フィリピン／伊吹島）など、海外でも高評価の実力派揃いです。マザーポートとなる高松港には、「瀬戸内アジア村」が登場。アジア約10の国と地域から集まったパフォーマーによる「Asia Performing Arts Market in Setouchi 2016/APAMS2016」など、島から帰った後も、見どころいっぱいです。

瀬戸内アジア村―
APAMS2016
※作品イメージ

ナウィン・ラワンチャイクン+ナウィン・プロダクション
「西浦の塔（OKタワー）」

5 味わうアート

地域の生活文化が最も色濃く現れるのが「食」。そこで「瀬戸内国際芸術祭2016」では、「食」をテーマにしたアート作品が多数登場します。たとえば栗林公園では指輪ホテルのパフォーマンスと、地元食材を使った食事が堪能できる「讃岐の晩餐会」（高松港周辺）をご用意。また高松港では、EAT&ART TAROによる、国境を越えた不思議な屋台「ALL AWAY CAFE」が、小豆島では、grafが地元シェフとコラボしたジェラート&バーも登場します。作品だけでなく、島にはおいしいものがいっぱい。たとえば、島の食堂で地元の人たちにまじって食事する。そんな土地の味に触れる体験が、作品をより楽しむヒントになるかもしれません。

EAT&ART TARO「ALL AWAY CAFE」
※作品イメージ

graf+FURYU「Shodoshima Gelato Recipes Project by カタチラボ」※作品イメージ

讃岐獅子舞保存会「獅子舞王国さぬき IN 高松港」※作品イメージ

6 讃岐の独自文化とコラボ

島や瀬戸内の文化に加えて、香川県の祭りや特産品を扱ったコラボレーション作品も、今回からはじまった新しい取り組みです。「feel feel BONSAI」（女木島）は、香川県が日本一の生産量を誇る松盆栽を題材にした作品。盆栽師の平尾成志氏とデザイナー集団、瀬ト内工芸ズ。による異色コラボ。そのほか、讃岐の獅子舞をフィーチャーした作品など、島だけじゃない讃岐の魅力にも出会えます。

平尾成志×瀬ト内工芸ズ。/香川県盆栽生産振興協議会「feel feel BONSAI」※作品イメージ

《お問い合わせ》
瀬戸内国際芸術祭総合インフォメーションセンター
香川県高松市サンポート1-1 高松旅客ターミナルビル1階
☎ 087-813-2244（会期中7：00～20：00、会期外9：00～17：00）

作品鑑賞パスポートが便利です

「瀬戸内国際芸術祭2016」へ行くなら、すべての会期（春・夏・秋）共通の「作品鑑賞パスポート」が便利です。2万円以上（前回芸術祭開催時）の鑑賞料相当額が含まれているので、いろんな作品を観たい方は特にオススメです。
料金：一般5,000円、高校生3,500円、中学生以下無料
販売場所：全国の主要コンビニ、公共交通機関（JR西日本ほか）、主要旅行代理店、各種プレイガイド等

小豆島「迷路のまち」に蟻の巣が出現!?

アーティスト目【め】インタビュー

観る人の知覚を研ぎ澄まし、日常のなかに非日常を出現させるユニークな作品を作り続けている現代芸術活動チーム「目【め】」は、2012年に荒神明香と南川憲二、増井宏文の3名のクリエイターによって結成。2013年の瀬戸内国際芸術祭に続いて、今年も小豆島で新作を発表する予定です。多数の観光客が瀬戸内を訪れるこの春〜秋、フェリーに乗って味わうぜいたくな時間よりも、印象に残る作品体験を生み出したいと意気込む荒神さんと南川さん。埼玉県北本市のアトリエで話を聞きました。

取材・文／影山裕樹　写真／菊池良助

「迷路のまち」を読み替える

——前回（2013年）に引き続き瀬戸内国際芸術祭に参加され、今年も小豆島の土庄本町で作品を発表されるとのことですが、最初に小豆島を訪れたときの印象を教えてください。

荒神　自分がイメージしていたよりも、便利で豊かな島だな、と思いました。山もあれば海もある。島の外に出かけるために、フェリーに乗って1時間、メンバー同士でゆったり話をする時間がぜいたくでした。都会で買い物に行こうとすると、人混みや渋滞に捕まるじゃないですか。それが自分にとってかなりストレスだったと気づかされました。

——土庄本町はかつて、瀬戸内海で活動していた海賊から身を守るため、迷路のように入り組んだ街並みが形成されました。このユニークな「迷路のまち」を読み替えたのが前回の「迷路のまち〜変幻自在の路地空間〜」です。

南川　はい。まちをリサーチしてわかったのですが、家と家が非常に密集しているんですよ。居間でご飯を食べていて

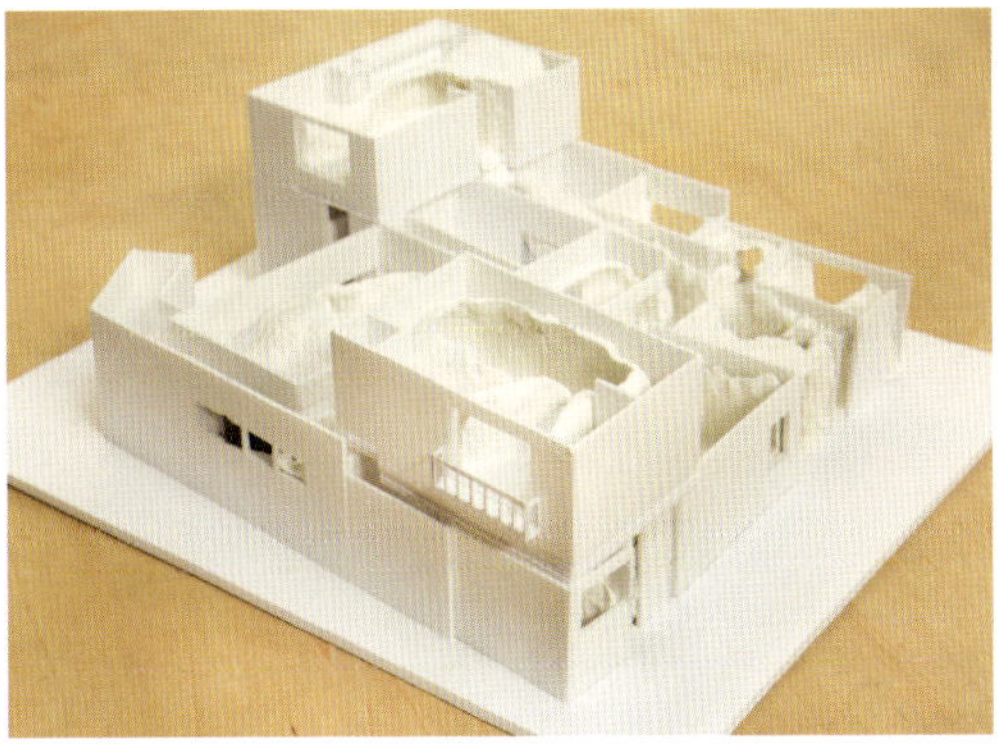

目「迷路のまち～変幻自在の路地空間～」※作品イメージ（左）、制作用模型（上）

目「迷路のまち～変幻自在の路地空間～」撮影：高橋公人
Me“Maze Town - Phantasmagoric Alleys” photo：Kimito Takahashi

も、壁を隔てた2メートル先には、隣の家のトイレがあり、洗濯物が干してある。それを独特な間仕切りで区切っているのがおもしろいなと思いました。この不思議な間取りを作品化できないかなと思ったんです。

――「迷路のまち」がより迷路になった、ということですね。押し入れから隣の家の居間に出てきたり、冷蔵庫から出てきたりする。ここどこだ？ って。

荒神　もともとあった部屋と、作り込んだ空間が絡み合っています。だから歩いた人にとっては、ありえない間取りに迷い込んだように感じたと思います。最初に入ったタバコ屋の入り口から、まったく別の場所に出てしまうとか。お客さんの感覚を混乱させたかったんです。

蟻の巣を掘り進めるように空間を歩く

――今年、MeiPAMに会場を移して発表する作品について教えてください。

南川　最初に荒神が、蟻の巣のスケッチを描きました。荒神は空間を座標的に捉える感覚があるんです。蟻の巣って、僕らは地中に〝埋まっている〟と感じていますが、蟻にとっては、〝開かれた空間〟なんです。上の方に掘り進めたり、下の方に掘り進めたり、自在に空間座標上の好きなポイントに移動できる。これを人間が暮らす建物のなかに移すとどうなるか。具体的に言うと、建物の窓が蟻の巣の入り口で、中に入ると洞窟のようになっています。先に進むと突然、電球が見えたり、ドアノブに行き着いたりする。それ以外の空間は壁で埋められています。普段の生活のなかでは気づかない〝空間の座標〟にお客さんを誘いたいと思っています。

――蟻が掘り進めた巣のような空間になるということですね。そこにある空間を別の空間に変える手法は、ギャラリー空間にホテルを作った「たよりない現実、この世界の在りか」(2014年、資生堂ギャラリー)にも通底すると感じます。

荒神　こちらから何か働きかけるというより、お客さん自身が何かを発見できるような体験を生み出したいですね。資生堂ギャラリーで、暗い部屋の中に鏡のように反転したホテルの客室を作ったとき、友人が、「自分が目になったみたい!」と言ってくれました。鑑賞者の知覚を研ぎ澄ませたいんです。

〝観光体験〟以上の〝作品体験〟を生み出したい

――2013年に宇都宮で発表した作品(「おじさんの顔が空に浮かぶ日」)のように、おじさんの顔が空に浮かぶなんて発想、普通の人からは出てこないじゃないですか。こうしたアイデアを出すのは荒神さん、そこに形を与えるのが南川さんという役割分担なんですか?

南川　僕と荒神、増井の三人はみんな芸大出身です。現代美術は〝個〟の表現だと教えられますから、普通に作っていたらエゴがぶつかってしまう。荒神は作品の種になるアイデアを出すのが得意。これは悔しいけど僕にはできない。そのかわりコンセプトを肉付けして、実現化するのは僕のほうが得意。最初に目【め】を結成する際に、お互いに足りないところ、得意なところは何か徹底的に話し合いました。

――近年、地域に対する解決策をアーティストが提示する、という構図が芸術祭やアートプロジェクトの定石になっています。地域で作品を作る際、心がけている点はありますか?

南川　芸術祭は〝観光〟が先にあって、次に〝地域振興〟、三番手くらいに〝アート〟なんです。この順序は変わらない。だから僕らは三番手でスタートして、トップでゴールしたいんです。作品がよければ、人も自然に集まってくる。おかんがツッカケを履いて走ってきて「何をおいても見に行かねば!」と思える作品を作りたいです。

荒神　地域で作品を作るとき、あえて難解なコンセプトを地元の人に一生懸命説明するんですが、意外に理解してもらえるんですよ。アートはむずかしいというイメージがあるけど、だれでも楽しめるものは作れるはず。瀬戸内観光の楽しさ以上の作品体験を、お客さんに提供できたらいいな、と思っています。

目【め】

日本の現代芸術活動チーム。2012年に現代美術家の荒神明香(右)と表現活動集団wah document(南川憲二(左)+増井宏文)によって結成された。作品は主にインスタレーション作品の形態をとっており、資生堂ギャラリー「たよりない現実、この世界の在りか」(2014年)や、宇都宮美術館屋外プロジェクト「おじさんの顔が空に浮かぶ日」(2013～14年)などが話題を呼んだ。

会場:MeiPAM3
かつて喫茶店や小料理屋として使われていた店舗をいかした展示空間。
香川県小豆郡土庄町甲405(MeiPAM事務局)
☎:0879-62-0221
営:10:00～18:00　休:水(祝日及び瀬戸内国際芸術祭会期中は開館)

番外編

巨大妖怪天井画「モノノケマンダラ」で魂奪われるひとときを

取材・文／須鼻美緒　写真／浦中ひとみ

「MeiPAM3」を訪れたなら、そこから歩いて5分ほどの場所にある「MeiPAM5」にも足をのばしてみませんか。天井にダイナミックに描かれた妖怪があなたを待っています。

瀬戸内国際芸術祭と連動し、小豆島土庄町で恒久的なアートサイトを開発・運営しているMeiPAMが、2016年2月末に「MeiPAM5」をオープンしました。元は庄屋だったという趣のある建物の2階に上がると、畳に寝転がって作品を鑑賞できる斬新な空間が広がっています。見上げると、そこには暗闇の中に妖怪が蠢く巨大な天井画。無数の目に見つめられていると、魂が奪われそうです。

作者の柳生忠平さんにお話を聞きました。「この天井は約20畳あるのですが、こんなに大きな絵を描いたのははじめてでした。描かれているのは、僕の頭のなかにある『妖怪製造装置』で生み出された『カンシシャ』という妖怪です。樹木のコブや人体の外側と内側、ヤモリやミノムシなどからインスピレーションを得て生まれました。妖怪の大小の目に見つめられながら、過去の過ちや自身に起きたよくない出来事を思い返してみてください。バクが悪夢を食べるように『カンシシャ』たちがそれらを吸い取って、少し身軽になるかもしれません。観る人が何かを感じ、自らの復活や再生の足がかりとしていただけたらうれしいです」

柳生忠平(やぎゅう ちゅうべえ)

1976年香川県小豆郡生まれ。小豆島在住。2005年から妖怪画家として活動開始。小豆島、高松、京都、大阪のほか、2014年「百鬼創造」(南青山)、2105年「百鬼楽楽」(六本木)、など、大都市での個展も開催。近年ではイタリアの展示会参加や台湾での個展を行い、世界中に妖怪の魅力を伝えている。

会場：MeiPAM5
歴史ある庄屋を改装したギャラリー。1階には島の味が楽しめるごはん家さん「島メシ家」もあります。
香川県小豆郡土庄町甲405(MeiPAM事務局)
☎:0879-62-0221　営:10:00〜18:00　休:水(祝日及び瀬戸内国際芸術祭会期中は開館)

オンバ・ファクトリー
大島よしふみさんとちいさんと、島のお父さん、お母さんの物語。

取材・文　山本政子　写真　藤田幸裕

2010年にスタートした瀬戸内国際芸術祭。2回の芸術祭を経て、男木島は大きく変化しました。子どものいるご家族数組が島に移住したことで、休校になっていた小中学校が復活しました。島にゆかりのある人がカフェをオープンしたり、島の風景に魅せられて移住したご夫婦がフレンチのお店を開いたり。漁師修業を経て、漁師になった若者もいます。
そんな男木島の変化を、2010年の芸術祭からずっと、島のお父さんやお母さんと一緒に見守ってきたアーティストがいます。オンバ・ファクトリーの大島よしふみさんと奥さんのちいさんです。
いよいよ芸術祭がはじまる、と思ったとき、なぜかおふたりと話がしたくなりました。大島さんとちいさんが暮らす男木島を訪ねました。

会場：オンバ・ファクトリー＆カフェ
島の人たちが荷物を運ぶ際に利用するオンバ（乳母車）を制作。「瀬戸内国際芸術祭2010」を機に生まれた彫刻家大島よしふみさんとちいさんの工房＆カフェ。
香川県高松市男木町216
☎：なし　営：11:00〜16:30　休：不定期

男木島は、高松港からフェリーに乗って40分。斜面に家々が立ち並ぶ集落の景色が美しい島です。集落のなかには、細道や坂道、石段が迷路のように広がっています。そんな島の暮らしに欠かせないのがオンバです。オンバというのは乳母車のこと。畑で収穫した野菜を運んだり、荷物を載せたり。坂道や細道の続く男木島で暮らすお母さんたちの必需品です。オンバ・ファクトリーのオンバはここから名付けられました。

芸術祭に参加すると決めたときから「終わったら撤去するような作品はつくらない。島の人の役に立つもの。生活のなかでずっと使ってもらえるものに取り組もう」と思っていたという大島よしふみさん。「瀬戸内国際芸術祭２０１０」の会期中、大島さんたちオンバ・ファクトリーのメンバーは、お母さんひとり一人と話しながら、オリジナルのオンバを制作。カラフルでユニークな「マイオンバ」を押して坂道を歩く、お母さんたちの姿が話題になりました。

やがて、同芸術祭が閉幕。アーティストの多くが島を去るなか、大島さんとちいさんのふたりは、その後も島で暮らし、オンバを制作してきました。はじめは自分たちのペースでときどき週末に島に通おうと考えていたおふたり。ところが、閉幕後のある週末。はじめて島に行かなかったときのこと。「どうしたん、何かあった？と心配した島のお母さんから電話がかかってきたんです。あんたらも来んようになるんかいと言われました。芸術祭がはじまるまでは釣りの人が来るぐらいだった島に、会期中、何万人という人が訪れました。閉幕したとたんに人が来なくなって、以前よりもかえって寂しくなったんだと思います。だから私たちまで来なくなるって心配したんでしょうね」とちいさん。

右）フェリーが島に近づくと、少しずつ見えてくる美しい集落の風景
左）島の食材を使った手づくりスイーツが楽しめるカフェにはギャラリーも併設

「会期中はオンバなどの制作やカフェの運営で忙しく、島の人とゆっくり話すこともできませんでした。終わってからですね。仲良くなったり、島の日常を感じられるようになったのは。おばちゃんたちの手伝いもよくしましたよ」と大島さん。「50代の僕は、島ではまだまだ若者だったから」と笑います。

気がつくといつしか大島さんとちいさんは、芸術祭のために島を訪れたアーティストではなく、ひとりの人間として島の人と向き合うようになっていました。

目標は子どもの声が響く島
そこからすべてがはじまった

２０１１年の春、大島さんたちにとって忘れられない出来事がありました。それは、島の最後の中学生3人が卒業し、男木中学校が休校。男木島が「子どものいない島」になったことでした。

「同じ頃、離島に関する報告会があって、ふたりで参加しました。島に人がいなくなると集落の電気が消え、島がまっ暗になるという話を聞いたとき、そうなった男木島を想像して、ぞっとしました。そうならないためにはどうしたらいいだろう。どうしたら若い人が住めるようになるだろう。それには仕事が必要だ。本気で考えはじめました」

子どもたちがいなくなったことで、島の未来が見えなくなり、島の人たちの元気がなくなったことも、何かしなければと思った大きなきっかけになったといいます。

男木島の歴史や暮らしを体験するワークショップ、小学生の地引網体験、島の人がつくったタコ飯や味噌、漁師さんがとってきた魚などを販売するオンバ市場やビアガーデンの開催……。島の人はもちろん、大島さんたちと同じように男木島を愛する島外の人たちと一緒に、さまざまなことに取り組みました。

右）男木島の細道を子どもたちが走る。笑い声が響く
左）男木島と高松を結ぶフェリー「めおん号」もオンバに

「子どもたちが帰ってきて、学校が再開することを10年後の目標にして、そのためには何をしたらいいか。そこからすべてがはじまったように思います」

２０１２年のお正月。オンバ・ファクトリーで恒例の新年会がおこなわれました。芸術祭のボランティアや島の人など13人が出席。「２０１１年の新年会は私たち夫婦と友だちの4人でした。それを思ったらすごいことですよね。そのとき、小中学校再開のきっかけをつくってくれた福井さんたちも来ていて。若い人がこんなに島に来ていることに驚いたって。この会以降、男木島の未来についてみんなでよく話すようになりました」とおふたり。その後、２０１３年秋に、福井さん一家を含む、3世帯が男木島にUターン。小中学校が再開しました。

「私たちが10年後と思っていた学校再開の夢が、3年で叶ったんです。男木島出身の若者の力はすごいですね」

忘れられない、ひと言「いま私、アートしよんよ」

２０１０年の芸術祭でお母さんたちのオンバを制作した大島さん。２０１３年には「ＴＥＡＭ男気」を結成。島の漁師、お父さんたちの船に「男木の男気」をイメージした絵を描き、大漁旗を制作しました。芸術祭開幕の日、恵比寿様や鯛、龍の絵に彩られた漁船が大漁旗をなびかせながら、一斉に港を出ていく姿は壮観でした。大島さん日く、「元気なお母さんを支えているのは、実は島のお父さんたち。普段はどちらかというと無口だけど、ここぞというときはビシッと決める。それがかっこいい」。

じつはこの漁船の制作には、お母さんたちも参加しました。ある船に１０００枚以上の桜のシールが必要になり、手伝ってと声をかけたところ、ハサミを持って駆けつけてくれたそうです。「作業中、あるお母さんに電話がかかってきました。電話にでたお母さんが言ったんです『いま私、アートしよんよ』って（笑）」。そう話すちいさんがとてもうれしそうで、こちらまで幸せな気持ちになりました。

「ゼロからのスタートだった1回目の芸術祭をともにがんばってくれた島の人たちの年齢を考えると、もしかしたら体力的に、今回の芸術祭が一緒に取り組める最後になるかもしれません。だから、いい思い出をつくってあげたい。一番支えてくれた人たちですから」

同時におふたりは、これからの自分たちの人生についても考えはじめています。

「オンバ作家とよく言われますが、僕はオンバ作家ではないんです（笑）。これからは以前のように自分の作品をまたつくろうと思っています。オンバ・ファクトリーをもっとアートに特化した場所にしたいとも思っています。モノだけではなく、人との関わりもアート。だから人も展示する（笑）。僕たちが見つけたすばらしいアーティストと、その作品を紹介したいと思っています。島の未来は福井さんたち、若者にバトンタッチです。彼らが来てくれたことで、島の人たちは10年後、20年後の未来を考えられるようになった。彼らは島で生きていくた

右）大漁旗をなびかせ「うぉーさぁらい・うぉーほん」の掛け声とともに帰ってくる鰆の大漁船を、
島のお母さんたちがクワやヒシャクを鳴らして迎えていた「踊り込み」を、芸術祭オープニングで再現
左）気に入って使ってくれるからこそ、修理の回数も増える

壁をくりぬいてつくった大きな窓。おふたりの特等席。

めに、自分たちで道を切り拓こうとしている。根性が違います」

2年前からコツコツと、少しずつ手を加えて、オンバ・ファクトリーの上にある島の古民家を改装してきた大島さんとちいさん。お気に入りは、大好きな海が見える大きな窓。壁をくり抜いてつくりました。おふたりの、3回目の瀬戸内国際芸術祭は、ここからはじまります。

大島よしふみ・ちい

大島よしふみ：彫刻家。「オンバファクトリー」「TEAM男気」代表。芸術祭参加以前は、主に石や金属を使った作品を制作。主な作品として香川県観光キャンペーンの「青鬼君」や高松市中野天満宮「神牛」、塩江美術館「聖の領域」など。大島ちい：芸術際にはサポートスタッフとして参加。「ONBA Café」を運営。

島と出会い、雑誌が生まれた。

ミシマ社代表
三島邦弘

みしま・くにひろ／1975年京都生まれ。2006年10月、「原点回帰の出版社」ミシマ社を東京・自由が丘で単身設立。現在は、「一冊入魂」の出版活動を、自由が丘と京都の二拠点で展開中。京都在住。

自分たちの手で、自分たちの生活、自分たちの時代をつくる。生まれつつある「未来のちいさな形」を提示する、ミシマ社初の雑誌。

土を見る。一瞥《いちべつ》、ただの土である。茎も蔦《つた》も芽も、雑草すら生えていない。そもそも地中に種は植わってるのか。わからない。よほどの土職人でないかぎり、掘り返すまで知る由もないだろう。

ところで私は出版という仕事を生業にしている。10年前、出版社を立ち上げて以来、単行本ひとすじできた。雑誌を出したいと思ったこともなかった。が、昨年10月に初めて雑誌を市販した。それは、ある「種《たね》」との出会いがきっかけだった。

2015年4月末、私は周防大島《すおうおおしま》にいた。その日、島では「島のむらマルシェ」がおこなわれた。そこで私は数々の驚きに出会う。まずは来場者の多さに目を剥いた。人口1万8千人の村に延べ2千人を超える人たちが訪れた。もちろん、数だけを取り上げればそれほど驚く例ではないかもしれない。だが、その運営がすべて「手作り」だとしたら？　実際、このイベントは行政や企業主導ではない。5、6人の青年たちによる自発的行動がこの結果だった。

翌日、私は彼らの農作地を訪ねた。中村明珍さんは無農薬農業を、内田健太郎さんは養蜂を、日々研鑽を積みながらおこなっていた。マルシェメンバーではないが、土を愛するあまり土を食べる、という農家さんの元へもうかがった。藪を開墾するところから自力で手がけ、数年かけて種を植える段階までようやくきた、と目を細めておられた。

前日のマルシェの特別企画として催された講演会で、内田樹先生は、「皆さんは文明史的転換を砂かぶりで経験している」と評された。いま目にしているこの島の「空気」こそ、その文明史的転換の空気、新しい「種」にちがいない。そう確信した。

通常、メディアは「芽」を扱う。目に見える段階になったものを、本や映像という形にして届ける。では、目に見えない空気や地中の種はどう知らせることができるのか？　直感で思った。雑誌づくりの根本から始めるしかない、と。

それで、前代未聞の手法で雑誌をつくるというミッションを自らに課した。そのひとつが「台割を作らない」。言ってみれば、羅針盤も地図も持たずに航海しようとする試みだ。文字通り、身ひとつになって未知の海へと飛び込んだ。

中身は「移住のすすめ」「今までにない就活」というふたつの特集とさまざまなエッセイ。これらを台割をつくらずに、どう並べるか。悩んだ末にこうした。テーマごとに「整理」するのではなく、「原稿ができた順」に置く。つまり、同じ特集であってもバラバラに。実際に私が目にした順に並べるのだ。結果、「最初から最後まで読み通したくなる」雑誌ができた。不思議なことに……。それは、瀬戸内の島々が個性豊かに個々に点在しているのに、俯瞰すると、生命力あふれる空間「せとうち」として映る感じにどこか似ている。

だからこう思わないではいられない――「種」を扱った雑誌は、いのちの島々からの贈り物。

『ちゃぶ台』には、海の幸も山の幸も町の幸も古いものも新しいものも、いがみ合うことなく共振しながら載っている。

Life with Olive

オリーヴと共に生きる。

presented by

小豆島ヘルシーランド株式会社

小豆島からはじまる、オリーヴのモノがたり

一生もの。オリーヴでつくられたコームを見たとき、なぜかその言葉を思い出しました。

生涯にわたって使い続けることができるもの。

ずっとそばにおいておきたくなるもの。小豆島でうまれたmagokoro。

ひとつ一つに込められた、“オリーヴのモノがたり”をお届けします。

magokoro
OLIVE WOOD

そのコームに出会ったのは、日本のオリーヴ栽培発祥の地・小豆島。海賊や海風から島の人たちを守るために、迷路のように入り組んだ複雑な路地がつくられたという、通称「迷路のまち」にある「島モノ家」というお店でした。あたたかな木目の表情と、手仕事ならではのなめらかなフォルムに魅せられて、思わず手にとりました。よく見るとコームのほかに、一輪挿しやカッティングボード、テーブルなどもあります。そのひとつ一つがオリーヴの木でできていると聞いて、どんな人がつくっているのか知りたくなりました。magokoro という名前にも心惹かれました。

はるばる海を越え、やってきたオリーヴ

「はじまりは3年前、日本から遠く離れたチュニジアでした。インフラ整備のために伐採が決まった樹齢300年以上のオリーヴの木々に出会ったんです。いま目の前にあるオリーヴたちがまもなく伐採され、捨てられる……。小豆島でオリーヴと暮らしてきた私たちにとって、それは堪えられないことでした。すぐに日本に持ち帰ることを決めました」。

　当時のことを思い出しながらそう話してくれたのは、小豆島ヘルシーランドの副社長、柳生忠勝さん。日本に運ばれてきたオリーヴの巨木を見て、オリーヴの木をつかったものづくり、〝magokoro プロジェクト〟をスタートさせた中心人物です。

　「オリーヴの巨木は、自然からのありがたいいただきものです。どういかせばオリーヴが喜んでくれるだろう。いろいろ考えていたとき、日本の伝統の技を現代風にアレンジ

し、未来へつなげる活動をされているKARAFURUの黒田幸さんにお会いしました。お話しするうちに、私たちがしなければならないことが見えてきました。小豆島にやってきたオリーヴを未来へつなげる。それが私たちの使命だと思いました」。

　しばらくして柳生さんは黒田さんからふたりの職人を紹介されました。柳生さんと同じ瀬戸内に暮らす、木の職人さんたちです。ひとりは香川の伝統工芸品である欄間彫刻「朝倉彫刻店」の6代目、朝倉準一さん。もうひとりは香川県高松市で工房「bungalow」を営む家具職人、黒川良太さんです。ほぼ同世代の3人は、初対面から意気投合。300年以上生きてきたオリーヴの巨木を前に、「本当にいいものをつくり、暮らしのなかで長く使ってもらおう。家族で代々大切に受け継がれていくものをつくろう」と想いを語り合ったそうです。

　それがmagokoroのはじまり。オリーヴと暮らす幸せを教えてくれる日々の道具、そのものづくりがスタートした瞬間でした。

問い合わせ／小豆島ヘルシーランド株式会社　☎0120-11-7677　https://www.healthyolive.com/

右／柳生忠勝（やぎゅう・ただかつ）小豆島ヘルシーランド取締役副社長。オリーブオイルソムリエ。中／朝倉準一（あさくら・じゅんいち）欄間彫刻「朝倉彫刻店」の若き6代目。木材の特徴をいかした精緻なものづくりが得意。左／黒川良太（くろかわ・りょうた）工房「bungalow」を営む家具職人。オリーヴ木材の野性味あふれる木目をいかしたダイナミックな家具を制作。

家族のなかで受け継がれ、使い継がれるmagokoro

これまでに誕生したmagokoroブランドの商品は9点。「まず私からふたつだけオーダーをだしました。そのあとはおふたりのセンスにお任せしました。試作品があがってきたら、その都度アイデアや意見を交換し、完成に近づけていきました」。

柳生さんがだしたオーダー。それは、暮らしのなかで使えるもの。そして、ここにしかないものをつくるということ。

「magokoroを見てもらうとわかりますが、どれも木目が美しい。材料のオリーヴのどの部分を使うかで表情がかわります。朝倉さんも黒川さんも木と向き合ってきた人です。だからでしょうか。おふたりから生まれたものはどれも心地いい。見て、触れて、使っていて心地いいんです。無駄な装飾もありません。暮らしのなかで長くつきあっていける実用的なデザインも魅力です」。

小豆島ヘルシーランドの副社長として、柳生さんはこれまでにもオリーヴ化粧品、オリーヴオイル、オリーヴ健康食品など、オリーヴの魅力をさまざまなカタチで届けてきました。

「チュニジアのオリーヴと瀬戸内の職人たちの技が融合したことで、新しいオリーヴの魅力を引き出すことができました。ものづくりに携わっている彼らを見ているとかっこいいんですよ。でも、いま、こうしたすばらしい技術、伝統的な職人の技が失われようとしています。職人さんたちの活躍の場、仕事をつくっていくことがこれからの私の役目かもしれませんね」。

オリーヴに囲まれて暮らす喜びを教えてくれる magokoro の道具たち。使えば使うほど、そのひとの手に、暮らしになじみ、ともに時を重ねることで、風合いを増していきます。

最後に柳生さんが言いました。「ご家族のなかで受け継がれ、使い継がれる。magokoro がそんな道具になればうれしいです」。

問い合わせ／小豆島ヘルシーランド株式会社　☎ 0120-11-7677　https://www.healthyolive.com/

オリーヴと暮らす365日

今日はどんな器を選ぼうか。
毎日の食卓、器や道具しだいで、
雰囲気や気持ちも変わります。
オリーヴから生まれたmagokoroを使って、
食卓をコーディネートしてみました。
イメージは、休日のブランチ。
オリーヴの木、
その自然なラインが美しいボウルには、
季節の野菜たっぷりなサラダを盛り付けました。
木のカタチと美しい木目が魅力の
カッティングボードは、
パンを切るためにだけ使うにはもったいなくて、
急きょそのままテーブルへ。
じつは、テーブルもmagokoroです。
お皿もボウルも、どれもシンプルで
ぬくもりのある器だから、
和食にも合いそうです。
ひとつ一つていねいにつくられるmagokoro。
使うほどに暮らしになじみ、
深みのある色合いに育てていくのも、
楽しみのひとつです。

商品番号
5001

コーム　3,240円 税込

木目の美しさと強度を考え大きな木材の中でもコームに相応しい部分のみを厳選し使用。オリーヴオイルを染込ませて使用することで、艶やかな髪を育みます。

■ 素材:オリーヴ木材
■ 寸法:約10cm × 6cm × 0.7cm

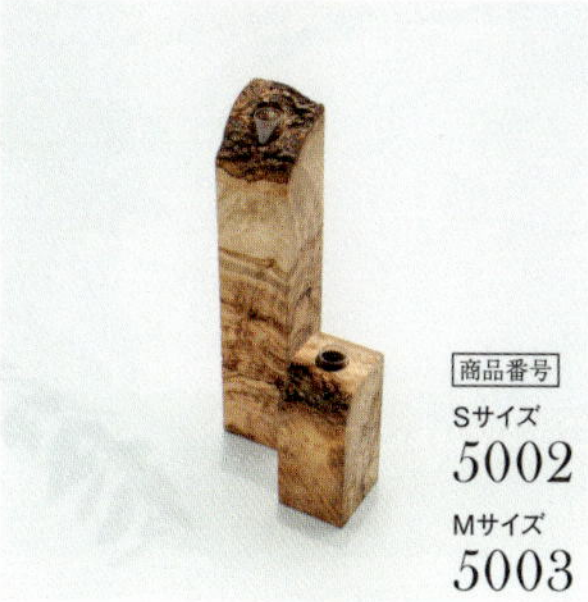

商品番号
Sサイズ
5002
Mサイズ
5003

一輪挿し　Sサイズ 3,024円 税込
　　　　　Mサイズ 3,996円 税込

オリーヴ木材のありのままの節や木目を活かしています。リビングやキッチンにさりげなく季節の草花を飾ってみませんか。

■ 素材:オリーヴ木材
■ 寸法:Sサイズ 約5cm角 × 11cm　Mサイズ 約5cm角 × 25cm

商品番号
5004

皿　3,240円 税込

食卓を彩るインテリアとして存在感を放つオリーヴ木材の皿。使い込むうちに更に味が出てきます。

■ 素材:オリーヴ木材
■ 寸法:直径約17cm × 3cm

商品番号
5005

ボウル　3,888円 税込

オリーヴ木材の木目と削り出したカーブのラインが美しい。インテリアのアクセントとしても機能します。

■ 素材:オリーヴ木材
■ 寸法:直径約17cm × 5cm

商品番号
5006

レスト　ペア 648円 税込

木目とオイルの色を楽しむシンプルなレスト（箸置き）。オリーヴオイルを染込ませてお好みの風合いに仕上げてください。

■ 素材:オリーヴ木材
■ 寸法:約1cm角 × 6.5cm

商品番号
5007

カッティングボード　6,480円 税込

木材のカタチを活かしダイナミックなカットを施したどっしりとした存在感のボード（まな板）。ホームパーティでも大活躍です。

■ 素材:オリーヴ木材
■ 寸法:約30cm × 20cm × 2.5cm

商品番号
5008

リビングテーブル　140,400円 税込

野性味あふれる天板とスタイリッシュな脚の組み合わせでモダンなインテリアに。

■ 素材:オリーヴ木材（天板）、ステンレス（脚）
■ 寸法:約90cm × 50cm × 40cm（天板3.5cm厚）

商品番号
5009

ダイニングテーブル　248,400円 税込

希少な大きさのオリーヴ天板を贅沢に使用。リビングに樹齢300年の自然の恵みをどうぞ。

■ 素材:オリーヴ木材（天板）、ウォルナット材（脚）
■ 寸法:約150cm × 50 ～ 70cm × 70cm（天板3.5cm厚）

商品番号
5010

ベンチ　140,400円 税込

大きめにとった座面部分で木に包まれるようなぬくもりを感じてください。

■ 素材:オリーヴ木材（天板）、ウォルナット材（脚）
■ 寸法:約120cm × 50cm × 40cm（天板3.5cm厚）

オリーヴ木製食器 使用上の注意

電子レンジ・食器洗浄機・食器乾燥機の使用はできません。洗浄時は中性洗剤で柔らかいスポンジを使用してください。食べ物を入れたままの保存や長時間冷蔵庫での使用はお避けください。漬け置き・煮沸・酸素系塩素系薬剤による消毒はできません。直射日光が当たる場所での保管は控えてください。

メンテナンスと注意点

乾燥、ひび割れ、かび防止のためにオリーヴオイルを定期的に商品になじませてください。数回繰り返すうちに油分が木に馴染み色味や強度を少しずつ増してゆきます。magokoro商品は木材及び手作りという特性上1点ずつすべて異なります。カタログの写真と風合いなど変わる場合がありますことをあらかじめご了承ください。

お届け　あなた様のご自宅のほか、ご指定のお届け先にも配送します。ご注文商品は7日～10日前後でお届けします。※ リビングテーブル、ダイニングテーブル、ベンチは、お客様からオーダーいただきました後に職人が1点ずつ制作致しますので、1か月～2か月のお時間をいただきます。

お支払い　代金引換／クレジットカードのいずれかをお選びいただけます。※ ご贈答用の場合は「代金引換」をお選びいただけません。※ リビングテーブル、ダイニングテーブル、ベンチのお支払い方法は「代金引換またはクレジットカード」のみとなります。

返品・交換　万が一、商品がお届け時に損傷していたり、ご注文と異なる商品が届いた場合は、お電話でご連絡の上、到着後8日以内にご返送ください。お取替えさせていただきます。

お客様専用番号　TEL 0120-11-7677
受付時間／月～土 AM9:00～PM6:00
（日曜はお休みです）
FAX 0120-11-7595

小豆島ヘルシーランド株式会社
〒761-4113
香川県小豆郡土庄町甲 2721-1

公益社団法人日本通信販売協会会員

オリーヴ健康科学研究所

オリーヴにまつわるさまざまな疑問に、
オリーヴの達人たちが答えます

今回のギモン

実、葉、枝、樹皮。オリーヴはまるごと肌にいいって、本当ですか？

オリーヴの実からうまれたオリーヴオイルが肌にいいことは知られています。
でも、実だけではなく、葉や枝、樹皮にも、女性にうれしい
“きれいの素”が隠されているってご存知でしたか。
オリーヴ達人、岸本博士にその秘密を聞きました。

果実、葉、枝、そして樹皮。それぞれがすばらしいパワーを持っています。

オリーヴのすばらしいところは「捨てるところがない」ということです。近年の科学的な研究から、オリーヴ果実だけではなく、その葉や枝、樹皮もそれぞれが優れたパワーを持っていることがわかってきました。たとえば、オリーヴの葉。ポリフェノールの含有量が圧倒的に多く、その量はエキストラヴァージンオイルの約30倍もあります。なかでもオレウロペインというポリフェノールは、強力な“抗酸化作用”を持っている、と注目を集めています。地中海沿岸では古くからオリーヴの葉を薬に使っていたといいますから、昔の人々は経験としてオリーヴの葉が健康にいいことを知っていたのかもしれませんね。

特にお伝えしたいのは枝の持つ美容成分。葉と同じように、枝にもポリフェノールが含まれています。シミの原因になるメラニンの生成を抑えてくれるほか、肌の細胞を増進す

オリーヴの葉や枝、樹皮をじっくり見たことがありますか。
“生命の樹”と呼ばれるオリーヴの樹。
どこをとっても生きる力であふれています。

葉

細長くて緑色をしたオリーヴの葉。おなじように見えますが、品種によって少し違います。たとえば、小豆島でよく見られるミッションという品種は、葉の裏側が銀白色。マンザニロの葉は少し小さめ。ルッカの葉は成長するとねじれます。ポリフェノールは若い葉にたくさんあることがわかっています。

枝

オリーヴの枝や葉に含まれているオレウロペイン（ポリフェノールの一種）には、殺菌・抗菌作用があるといわれています。オリーヴの樹はこのオレウロペインで、自分自身をバクテリアや害虫から守っているのです。

樹皮

日焼けや紫外線を防止するため、夏だけではなく一年中日焼け止め化粧品を使う女性が増えていますね。オリーヴオイルには紫外線を吸収する力があります。肌に塗ると、紫外線が肌に届く前にオイルが吸収してくれます。オリーヴの肌ともいえる樹皮にも、紫外線防止作用があることがわかっています。

| オリーヴの達人 |

岸本憲人《きしもとのりひと》

オリーヴ健康科学研究所
主席研究員

博士（工学）。米国イェール大学医学部研究員、慶応義塾大学総合医科学研究センター教員などを経て、小豆島ヘルシーランド入社。モットーは「オリーヴのチカラを科学のチカラで引き出す」。

る働きも持っています。肌の生まれ変わりを促し、ターンオーバーを正常に保つ手助けをしてくれるんです。また、肌にとって大切なコラーゲンの生成も助けてくれます。

もうひとつ、最近研究しているのがオリーヴの樹皮です。オリーヴの樹皮には、紫外線を吸収する働きがあることがわかりました。果実からとれるオリーヴオイルにシミの原因になる紫外線B波を防ぐ効果があることは、すでに知られていますね。

日照時間が長く、水分が少ないという厳しい環境で生き抜いてきたオリーヴには、生きる力があふれています。果実や葉はもちろん、枝や樹皮についてもさらに研究を進め、ひとりでも多くの方に健やかで美しい毎日をお届けしていきたいと思います。

オリーヴのモノがたり 1

ジ・オリーヴオイルシリーズ
ザ・シャンプー&ザ・トリートメント
オリーヴオイル、オリーヴの枝・葉・果実エキスなど、オリーヴの恵みをまるごと取り入れたノンシリコンシャンプーとヘアトリートメント。健康な地肌をつくりつつ、髪を保湿し、パサつきを防ぎます。オリーヴの甘くやさしい花の香り（調香）も魅力です。

ザ・シャンプー
3,240円（税込）容量350mL

ザ・トリートメント
3,240円（税込）容量250g

その花にはじめて会ったのは、
瀬戸内海の小豆島。
オリーヴの細長い葉のあいだに、
小さな白い花が咲いていた。
あまりに小さくて顔を近づけたら、
ふいに甘い香りに包まれた。
オリーヴが金木犀の仲間だと知ったのは、
小豆島から帰ったあとのことだった。
数年前の旅の出来事を、
今ごろ思い出したのは、
小豆島から届いた
シャンプーとトリートメントのせい。
髪が風に揺れるたび、
あの日の香りに包まれて、
忘れかけていた旅の記憶がよみがえる。
いつかまたオリーヴ畑を訪れよう。
かわいい白い花に再会するその日まで、
オリーヴのシャンプーとトリートメントは、
バスルームの必需品になりそうだ。

オリーヴと共に生きる
小豆島ヘルシーランド株式会社
〒761-4113 香川県小豆郡土庄町甲2721-1
0120-11-7677
（月〜土 9:00〜18:00）
FAX 0120-11-7595（24時間受付）
https://www.healthyolive.com/

第1回最優秀作品 中塚英男「夏日」

第1回受賞作品

The Second Setouchi Shodoshima Olive Photo Contest

第2回 瀬戸内・小豆島 オリーヴフォトコンテスト

小豆島・豊島・直島・瀬戸内の島々で
オリーヴのある風景を撮ろう

あなたの写真がカレンダーになるチャンス

応募締切 *2016.8.31*

最優秀賞 賞金5万円（副賞あり）1名

優 秀 賞 賞金1万円 11名

受賞者の作品は雑誌『せとうち暮らし』誌上でご紹介する他、
小豆島ヘルシーランドの2017年カレンダー写真として使用します。
また、応募作品は小豆島・迷路のまちに誕生した「メイパム・セトノウチ（島タビ家）」にて公開致します。

応募・お問い合わせ先

第2回瀬戸内・小豆島オリーヴフォトコンテスト実行委員会

tel : 0879-62-5511 mail : info@olive-life.org

お電話でのお問い合わせは、平日10時～16時とさせて頂きます。

詳しくは ***http://olive-life.org*** オリーヴ生活文化研究所 検索

主催：ＮＰＯ法人オリーヴ生活文化研究所 共催：小豆島ヘルシーランド株式会社、『せとうち暮らし』編集部

私は今日林檎の木を植える

命を守り支える人たちを、守りたい。
小豆島ナースサポートセンター

見てみようと思う。
話を聞いてみようと思う。
いつも島を歩くように、
医療の現場を
歩いてみようと思う

取材・文／山本政子
イラスト／澁川順子

その日、私は瀬戸内のある島を訪れていた。島の診療所に勤める先生に会うためだ。診療所でお話をうかがい、その後、先生と一緒に島の家庭を訪問。4軒目のお宅に着いてすぐ、先生の携帯電話がなった。電話は診療所の看護師さんからで、急患の連絡だった。

帰りの船で、診療所の看護師さんと一緒になった。対岸の町から毎日通っているという。急病の患者さんのことが気になっていたので、聞いてみた。大丈夫とのことで少し安心した。

「診療終了の札を入り口にかけながら、もしかしたら電話がかかってくるかも、と思っていました。病院が閉まって、先生がいないと思うと、心細くなって具合が悪くなる人がいるんです」と看護師さん。

その話を聞きながら思った。それは患者さんや患者さんの家族の一番近くにいる看護師さんだからこそわかることなのではないかと。患者さんの何気ない表情や仕草から、いつもとは違う微妙な変化に気づく、日々の経験から、これから起こるかもしれないことを予測する。医師と看護師の連携、その大切さをあらためて認識した日だった。

へき地や離島の医療について考えるとき、医師はもちろん、看護師の不足も大きな問題だ。資格を持っていても、結婚や出産、育児など、環境が変わったことで働けなくなる人も多い。そういう状況にいる人たちに、新しい働き方、活躍の場を提供しようと立ち上がった人たちがいる。「小豆島ナースサポートセンター」の3名の女性たちだ。

山本政子
『せとうち暮らし』副編集長・チーフライター

コピーライターとしても活動中。瀬戸内の日々から企業広告まで、そこに込められた想いを物語にして届けます。「ポケットにビスケット、くちびるに歌を」。

「たとえ地球が明日終わりでも、私は今日林檎の木を植える」

※マルチン・ルターの言葉として伝えられている

それぞれが看護職のプロ、立ち上がった3人の女性たち。

高松港からフェリーに乗って1時間。小豆島・草壁港に到着。「小豆島ナースサポートセンター」は、醤油蔵や佃煮屋が軒を連ねる「醤の郷」のほどちかくにある。センターを運営するのは、3人の女性たち。センター長で、元看護師の湯川千代子さん。副センター長の田中マキコさんは元助産師。同じく副センター長の岡田輝美さんは元保健師。長年、地域医療や看護に携わってきた女性たちだ。

「小豆島ナースサポートセンター」は、看護師や助産師、保健師などの看護職に携わる人たちの無料職業紹介所で、昨年11月に誕生した。湯川さんも田中さんも、そして岡田さんも、30年以上のキャリアを持つベテラン。ずっと知り合いだったのかと思ったら、「島内の看護研修や行政地域の連絡会などでお互い顔は知っていました。でもその時はまだみんな現役で忙しくて、おしゃべりする時間はなかったですね。退職してからです。こんな風に話すようになったのは」と湯川さん。その後を受けて田中さんが「それぞれが自分のポジションを離れて、自分の時間ができるようになってからですね。少子高齢化が進んでいますが、島ではそのスピードがさらに加速しています。だから、看護職は本当に忙しい。家事や育児もあります。笑顔でいたくてもそれがむずかしいときもあります。ゆとりがないと、人にやさしくできないんです。24時間働いて一睡もしないで、また翌朝から仕事につくこともありましたね。看護職が少ないからこその現実です」。

そこに3人の女性がサポートセンターを立ち上げた理由がある。「島内に潜在看護師はたくさんいると思います」と湯川さん。潜在看護師とは、看護師の資格を持ってはいるけれど、結婚したり、子育て中など、さまざまな理由で働いていない看護師のこと。サポートセンターでは、こうした潜在看護師に、ひとり一人のライフスタイルにあった働き方を提案。たとえば、毎日が無理なら週一日、一日が無理なら半日など、数時間単位で働くことができる環境をつくり、女性の働く意欲を応援するのだ。「ひとりでフルタイム働くことが無理なら、半日働ける人ふたりが交代で働けばいい。一時間働ける人、二時間働ける人、それぞれの空き時間をつないで働く。調整はサポートセンターがします。現場の看護師さんのお手伝いにもなると思うんです」

看護師、助産師、保健師、人材不足はどこも同じ

湯川さんは小豆島の内海病院で、看護師として37年間勤務。看護師になったきっかけは、これからは女性も手に職を持つべきというお母さんの思い。お母さん自身も看護師になりたかったが、両親に反対され断念したのだという。結婚して子どもが生まれて、それでも仕事を続けられたのは、「家族の協力があったから。それと、主人の母が化粧品店をしているんです。看護師をやめても、店をすればいいと楽な気持ちで取り組んでいたのがよかったのかもしれない。義母には子育ても手伝ってもらいました」。

田中さんは助産師さん。国立大阪病院に勤務、結婚を機に小豆島に帰ってきた。大阪時代は8時間に4つのお産を経験したこともあった。家庭と仕事の両立に悩んでいた先輩たちを見てきたので、結婚したら仕事はしないと決めていた。仕事をやめて6年間の子育て。「その頃、土庄中央病院に新しく産科ができて。助産師を探していると声がかかったんです」。そして、復帰。「新設の科なので、ゼロからのスタートでした。カルテの手配や段取りなど、何が必要か、大阪時代を思い出して、すべて準備しました。34歳ぐらいだったかな。当時は24時間拘束。日勤をこなしたあと、病院と家庭で待機していました」

人それぞれ、いろいろな生き方がある。
でも、自分らしい生き方をしてほしい。

いまのように設備や医療技術が整っていない時代。島で生まれた小さな命を守るために、田中さんたちは、未熟児で生まれた赤ちゃんを携帯用の保育器にいれて巡視船に乗せ、高松まで運ぶこともあったという。

「お母さんは赤ちゃんを産んだけれど、しばらく子供の顔を見れないということもあったんですよ。ご家族が母乳を持って高松に通われたこともありましたね。半世紀も前の話」と田中さん。

岡田さんは保健師。父の勧めで看護の道へ。「看護師として就職する予定だったんだけれど、その頃は役場に保健師がいなくて。保健師になりませんか。役場にきませんかって誘われたんです」。そして、小豆島町役場へ。ちなみに看護師が病院のなかで患者さんと向き合うのに対し、保健師が担当するのは、赤ちゃんから高齢者まで、地域に暮らす人すべて。病気の予防や健康管理などを目的に、保健指導や生活支援をおこなう。いまは看護師が訪問看護をおこなうが、岡田さんが保健師をしていた頃は、家庭での洗髪や入浴

などは、ヘルパーさんと一緒に保健師が担当していた。「だんだん看護師さんが地域にでていく時代になりました。時代とともに、保健師や看護師の活動も変化してきましたね」と話してくれた。

湯川さんは看護師になってはじめて患者さんの看取りをしたときの、肌の冷たさをいまでも覚えているという。

「37年のあいだに、いろいろな患者さんの最後の顔を見てきました。看護師としての日々を積み重ねるなかで、やがてこの人はどんな人生を送っていたんだろうと、その人の人生をみるようになりました。愛おしいという感じでしたね」

女性たちの自分らしい生き方をサポートしたい。

看護師、助産師、保健師として第一線で仕事をしてきた3人の女性。自分の時間を取り戻したとき、だれからともなく、何かしたいねという話に。「3人とも、人材確保には苦労しました。だれかいませんか、といろいろなところに電話したり、島外の看護学校に足を運んで、学生に小豆島での就職について話したり。同時に、自分たちが経験した苦労を

小豆島ナースサポートセンター
香川県小豆郡小豆島町馬木甲854-6
☎ 080-6280-3263　営：9：00〜17：00
休：日曜・祝日、年末年始
http://shodoshimansc.blog.fc2.com

後輩たちに背負わせたくないという思いもありました」

少子高齢化で人材がいないというけれど、自分たちの暮らす地域で、そこに暮らすものが何かしなければ何もはじまらないと田中さん。人それぞれ、いろいろな生き方がある。でも、自分らしい生き方をしてほしい。サポートセンターが、そんな女性たちの生き方を応援する場所になればうれしい、と語る。

湯川さんの元にときどき、現役の看護師さんが訪れる。うどんを食べながら話をする。仕事の悩みもあれば、たわいのない話をすることも。「話すことが、明日からまたがんばるきっかけになる。背中をポンと押してあげるだけ」と笑う。

岡田さんは小豆島の准看護学院の先生でもある。湯川さんも田中さんもかつて指導を担当した。「島の看護レベルを上げることも私たちの仕事です」

3人の女性は言う。「私たちだけではこの活動は続きません。顔なじみの人のつながり、島のつながりがあるからこそ、できることです。サポートセンターははじまったばかり。女性たちがいきいきと自分らしく活躍できるよう、ゆっくり確実にお手伝いしていきたいと思います」

大安丸が一度に運ぶみかんは23〜25トン。約200軒の農家と提携し、収穫期だけ、中島、津和地（つわじ）島、怒和（ぬわ）島、睦月（むづき）島と松山市の三津浜港を結んでみかんを運んでいる

船大工探訪

SUGAGUMI presents

第 4 回

愛媛県・中島《なかじま》

乗り継がれるみかん船

濱松和彦さん（38歳）

「家大工が船大工に会いに行く」このコーナー。今回は、半世紀を越えて乗り継がれるみかん船のお話。いつものように、香川県仁尾町で宮大工の技を受け継ぐ菅組のみなさんと一緒に訪ねました。

最年少の船長と最年長の船

今回の主役は船大工ではなく船。約60年前に造られ、今も現役でみかんを運び続ける1艇の木造船が語り部だ。長年海風に耐えてきた貫禄のある風貌は、今にも喋り出しそう。そんな老健な船の声に耳を傾けてみたい。

「大安丸」が生まれたのは、昭和33年。3代の船主を経て、いまは愛媛県松山市沖に浮かぶ中島の濱松和彦さんのもとで働いている。訪ねた時はちょうどみかんの最盛期。早朝から忙しく航行していた。

瀬戸内海では、昭和の終わり頃まで、運ぶ荷によって、みかん船、石船、うし船など、さまざまな形の木造船が働いて

大安丸の操縦席。エンジンは新しいが操縦席は昔のまま。舵の上の丸い装置を開けると大きな羅針盤が入っている。左の筒には照明用のランプも

4代目船主の濱松和彦さん

船は2階建てになっていて、船腹には船室も。たんすや戸棚もすべて手づくり。家具職人のような繊細な仕事が見てとれる

横から見ると斜めに傾いている操船室。貨物を積んで舳先が沈むと水平になるよう設計されている

船型が美しい大安丸。空気抵抗を少なくするため、曲線が多用されている

いた。なぜみかん船がいまも使われるかと言えば、やっぱり船が一番便利だから。忽那《くつな》諸島の真ん中に位置する中島では、周辺の島の農家から毎日船で集荷し、中島の選果場に集約する。選果場の岸壁に船を横付けにして荷物を降ろしては、すぐまた次の島へ。陸路よりずっと無駄がない。

濱松さんの父もまた、みかん船の船長だった。ある日、選果場で木造船の船長が高齢で船を手放すと聞き、ちょうど独立を考えていた濱松さんが手を挙げた。

海員学校で操船を学ぶとすぐに船に乗り、38歳にしてすでに20年のキャリアを持つ。もちろんみかん船の船長の中では最年少。最年少の船長が最年長の船に乗るわけだ。しかし、年季の入った木造船、手間がかかるとは思わなかったのか。

「逆に鉄の船だったらやってなかったと思いますね。やっぱり木は味があるし。最終的に決めたのは、ドックにあげて、竜骨※を見たときですね。まだまっすぐで、ぜんぜん歪んでない。あ、これなら大丈夫やねって」

濱松さんは、自ら「株式会社あいらいん」を起こし、大安丸の船長になった。

※竜骨　船底で船首と船尾をつなぐ構造材のこと。修繕がむずかしいため、竜骨が曲がったり折れた船は廃船になることが多い。

58歳現役の木造船の秘密

大安丸を造ったのは、岡山県倉敷市玉島にあった加瀬野造船所だ。じつはこの連載の第2回に登場した加瀬野久志さんのお父様にあたる。幸いにも、今回取材に同行いただき、詳しい話を聞くことができた。数年ぶりの再会。「きれいな船ですよね。曲線が美しい。遠くから見ても一目でわかる」と懐かしそうな加瀬野さん。せっかくなので、船大工の息子である加瀬野さんと家大工の菅さん、それに濱松船長にも加わっていただき、大安丸の秘密に迫ってみたい。

加瀬野「元来木の船は丈夫で長持ちなんじゃ。鉄はさびるじゃろう。それに木の方が重心が低いので、安定がいい。貨物を積むと1メートル以上は沈む。木は水に浸かっていれば腐ることはないからな」

菅「船の骨組みはもちろんですが、船内の建具も見事ですね。常に揺れる海の上にあってまったく歪みがない。基盤が動くことを前提に造られている点が、陸の建築とは決定的に違いますね」

濱松「確かに今のFRP（強化プラスチック）より木の船のほうが安定しとるんじゃないですかね。もちろん船にもよりますが、あの船はすごくまっすぐ走るんですよ。風や波がなければ、逆に舵を触らないほうがいい。船に任せたら、自分が安定するほうにちゃんと向くんです。まるで生きとるみたい」

編集部「操船室も、貨物を積むと舳先《へさき》が沈んで水平になるよう、あらかじめ斜めに設計されていますが、船乗りでもないのにどうしてそんな計算が？」

加瀬野「祖父が若い頃は、北前船のような和船もまだ造りよったそうです。いわば日本の造船技術の集大成みたいなものやわな。父が大安丸を造ったときは、4、5人で4、5か月かかったと思う。大安丸は小型やけど、大きいものは6人がかりでたっぷり1年かかる。その間にスズメが巣づくりしたりするんよ。その雛の成長を見ながら船ができあがっていく。一艘造れば、地域の金物屋やペンキ屋、材木屋や木挽《こびき》職、みんなの仕事が潤いよった。大安丸が生まれた頃は、そんな時代だったんですよ」

菅組通信　木の香りや感触を楽しみながら、木と過ごす時間。「古木里庫」へようこそ。

古材をいかす

日本の木造建築では、古くから、解体して出た柱や梁など、使えるものは繰り返し使い、木を上手にいかす技と知恵がありました。古木里庫では、そんな古材や古道具を収集販売しています。梁、天板、欄間など、常時300点を越えるストックがあり、大きな家具は大工の手により、使いやすくリメイクもしています。すべて一点もの、ぜひ一度訪れてみてください。

古木里庫《こきりこ》　香川県三豊市仁尾町乙264　☎ 0875-82-3837

営：10：00〜17：00　休：第2・第4土曜、日曜、祝日、GW、お盆、年末年始

http://kokiriko.jp

30年前の大安丸

かつての貴重な大安丸の写真を加瀬野さんにお借りしました。

愛媛県松山市の三津浜港にて。3代目船長の時代、みかんを積んでいるところ

船の様子。現在とほとんど変わっていない。機械のない時代、美しい船体の曲線は、水に浸けた厚い木を火であぶりながら人力で少しずつ曲げて造ったそう

唯一いまと違うのはエンジン。当時は「焼玉エンジン」と呼ばれる旧来型のディーゼルエンジンで、その音からポンポン船の愛称で親しまれた
（写真は天神丸）

加瀬野久志さん

機帆船研究家。祖父、父ともに船大工で、自らも機帆船や焼玉エンジンなどの精密模型を手がける。長年撮りためた機帆船の写真や収集資料は数えきれず。瀬戸内の船の生き字引だ。
クラフト加瀬野　http://ofune.la.coocan.jp/kaseno/

【解説】大安丸ヒストリー

大安丸は、最初は「第三戸島丸」の名で、昭和33年、岡山県の倉敷市玉島で貨物船として進水しました。当時、隣の笠岡市にみかんの缶詰工場があり、愛媛、大分、徳島と瀬戸内海一円から原料のみかんを運んでいたそうです。乗組員は3人、最高積載量は約50トン。2代目の船長は岡山県笠岡市、3代目は愛媛県忽那諸島の方。4代目の濱松さんの代で「大安丸」と改名しました。

●大安丸／長さ17.5m、幅4.1m、総トン数34トン

SETOUCHI NEWS
小豆島
香川県

島の自然のなか、演劇と農業を組み合わせ、生きる力を身につける「愚放塾《ぐほうじゅく》」

24年間中学・高校で教鞭を取りながら、劇団主宰・演出家として活動を続けてきた木戸佑兒《ゆうじ》さんが小豆島に移住。2014年9月に、滞在型ワークショップで生きる力を身につける「愚放塾」を開きました。なぜ小豆島なのか、なぜ演劇なのか。小豆島に木戸さんを訪ねました。

滞在型ワークショップ（3日間・1か月・3か月・6か月）のほか、演劇ワークショップ、教員のためのワークショップなども開催。詳しくは「愚放塾」ウェブサイトをご覧ください。

先日、3名の塾生さんが新しい生き方を見つけて卒業されたと聞きました。

木戸　フリーター、ニート、大学休学生の3名を受け入れました。フリーターの塾生は、企業に就職、ニートの塾生は、行政書士事務所を開業。3年間、大学を休学していた塾生も、この春復学することになりました。

「愚放塾」で受け入れているのは、大学休学や不登校など、20代の若者が中心なんですね。

木戸　演劇ワークショップや教師のためのワークショップなども開催していますが、基本的に18歳以上24歳までの学生を受け入れています。このまま学校に行ってどうなるのか。適応できなくて悩んでいる彼らこそ、これからの時代に活躍できるのではないかと私は思っています。人工知能などの発達を考えれば、人間的な感性、想像力はますます必要となるでしょう。「愚放塾」の目的は必ずしも学校に戻すことではありません。本人が持っているものを引き出して、学歴ではなく、本来持っている才能で生きていく。自分らしく生きる道を見つける。そのための場なのです。

「愚放塾」が演劇や農業を中心にされているのはなぜですか。

木戸　私自身が演劇を通じて大きく変わり、救われた経験を持っているからです。子供のころから人前恐怖症で、その症状は教師になってからも治ることはありませんでした。そんな時、演劇に出会ったのです。自分の一番苦手なことをあえてしてみたくなりました。舞台は演技という衣を借りて

木戸佑兒（きど・ゆうじ）

1957年山梨県生まれ。教職を辞した後、NHKカルチャーセンター講師、（株）エン・ジャパンにてプレゼン指導を担当。演劇教育NPOをを創設し、市民演劇の普及に努める。これらの経験をもとに「だれでも無理なくできて効果のあがる演劇メソッド」を開発。若者の才能開花教育を行っている。

偽りのない自分をさらすことのできる最高の場です。過去の自分を演じることで、自分が解放されると同時に嫌だった自分が愛おしくなるのです。教員時代、昼は学校の演劇部で生徒を指導し、夜は劇団で演出。生徒や団員が演技を通してガラッと変わる瞬間を何度も見てきました。演劇教育によって目覚めた彼らが、大きく成長していく姿に、演劇にはすばらしい力があると確信しました。

農業にも同じような力があるということでしょうか。

木戸　農業は、耕さない、雑草を抜かない、肥料をやらない。水だけを与える自然農法に取り組んでいます。土地が整い免疫力ができ、バランスがよくなってから種をまく。「草が生えるまで種をまくな」という自然農法は、「愚放塾」の教育理念にとてもかなっているんです。不登校の子どもにすぐ何かをやらせようとしてもだめです。本人がしたくなって何かをやりだすまで待ち、そこではじめて新しいものを与える。つまり種をまくわけです。土に力があれば農作物は大きく育ちます。人も同じですね。縁あって小豆島を訪れ、美しい海や山の姿を見たとき、この豊かな自然のなかに子どもたちが自分を見つめ直す場所を作りたいと思いました。

「愚放塾」という名前に込められた「愚かであれ」という想いが、おもしろいなと思いました。

木戸　先日卒業した23歳の塾生は引きこもりでした。何がしたいと聞いたら、燻製機が作りたいと答えました。そこでお金を使わずに材料を自分で調達して、0から作るよう言いました。拾ったもので作れと。でも、形はできても燻製ができず、何度も絶望していました。しかし、失敗してからがはじまりなんです。失敗を繰り返すなかで、新しい発見や工夫を重ね、最後は燻製のためのチップにまでこだわるようになりました。燻製ですか。おいしかったですよ。家族も喜ばれていました。針金や一斗缶など拾ったものが輝くのは、自分自身の中のガラクタが再生するのと同じです。使いかたを組み替えると、ガラクタが燻製機になる。何も役に立たないと思っていた自分が輝くんです。だれにでも輝く才能があります。むしろ、何の役にも立たないと思っている「愚かな」ところにこそ、才能が潜んでいます。だから、私は言いたい。「みんな自分の使い方をまちがってないかい」と。世の中の基準に合わせることはないんです。自分の基準でいいんです。

愚放塾（ぐほうじゅく）

香川県小豆郡土庄町甲2799-3
☎080-4818-3580（木戸）
E-mail：guhoujuku@gmail.com
http://guhoujuku.com

『鈴木先生』の作者で漫画家の武富健治さんがイラストを担当した「愚放塾」のパンフレット。武富さんが漫画家として行き詰まったとき、木戸さんの演劇指導を体験。その経緯は「愚放塾」ウェブサイトで。

TURTLE ISLAND STORIES VOL.07

小さき瞳に輝く紅蓮、時を貫く神送り

文・写真／宮脇慎太郎

未来は、「今、我々が何を為すか」にかかっている。

The future depends on what we do in the present.

マハトマ・ガンジー

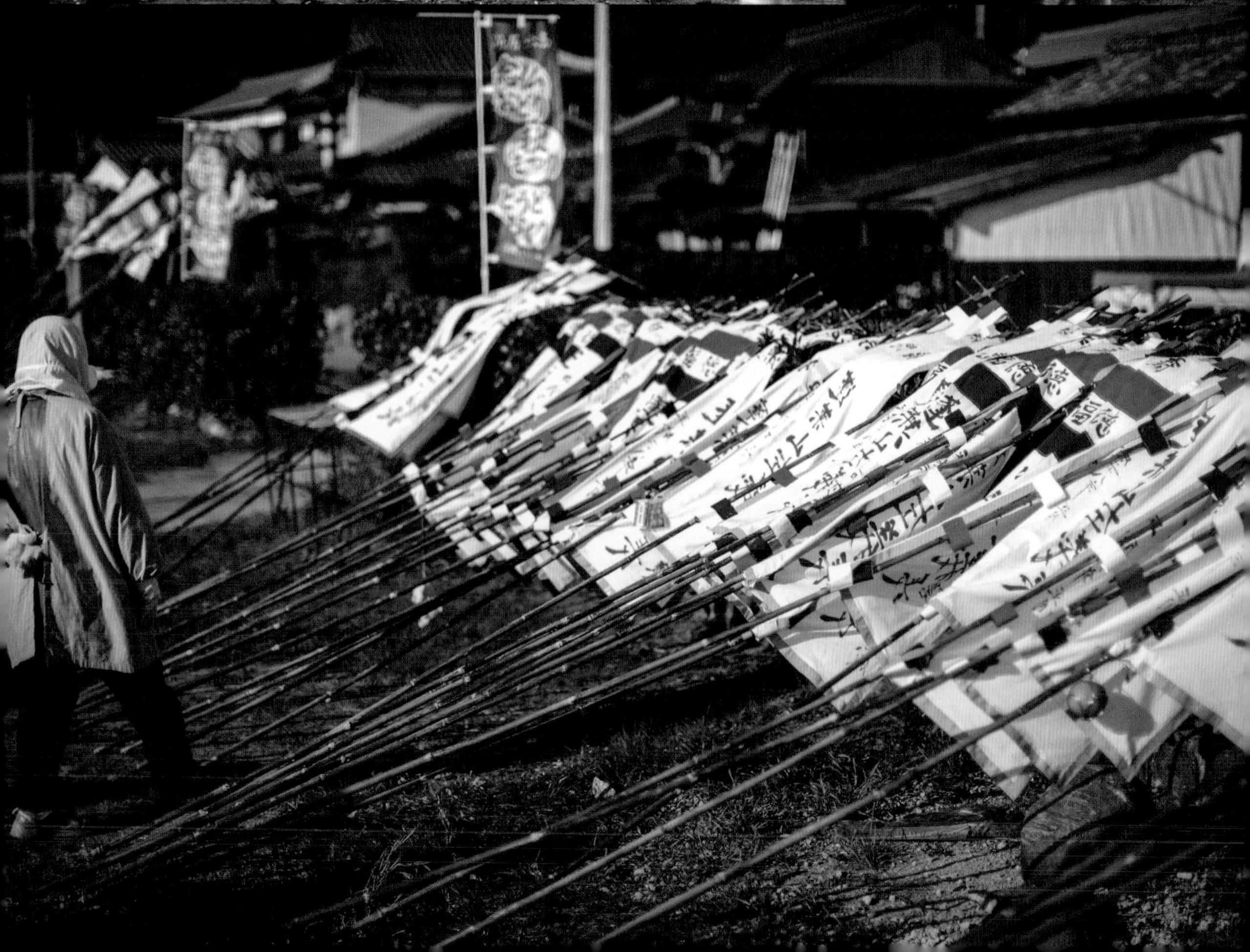

朝日を浴びながら出港したかと思うと船はすぐに減速、吸い込まれるように小さな港へと滑り込む。「近い！」。それが第一の印象。島が密集する瀬戸内海にあってまったく島影の見えない燧灘《ひうちなだ》。その南端の四国側、別子銅山で栄えた愛媛県新居浜の街の衛星のように、新居大島は存在する。この島に渡るのははじめて。念願叶っての来島だった。

どんと、とうど、とんど——地方によってさまざまな呼ばれ方があるが、正月の注連縄飾りを小正月にまとめて燃やすという風習が全国に存在する。正月に出迎えた歳神を、それらを焼くことで炎とともに見送るのだ。それはだいたい同じ日におこなわれるため、一度に何か所も訪れる訳にはいかない。人生が80年だとしたら気力が残っている間にあと何回、何か所でこの祭りを見られるのだろう。新居大島のそれは瀬戸内で最も古い形を残すもののひとつだという話を聞いて、ずいぶん前から見たかったのだ。

港近くの広場では巨大なとうどが島の人たちの手によって形づくられつつあった。四角錐に組み上げた太い孟宗竹に細い笹竹を縛りつけ、手際よく作業がすすむ。あらかた形ができあがると、横に羽のように長い竹を突き出し、そこに「蓬莱山左義長」と書かれた幟をつける。左右に伸びた竹に40本ほどの小幟《このぼり》が固定され、巨大な「怪鳥」のようになったら一気に起こされる。公民館の館長さんの話では、これは元来子どもの祭りだそう。しかし人口の減少でそれが難しくなり、今では島の人たちに加えて新居浜から来るボーイスカウトの手を借りて続けられている。新居浜からとうどづくりを見に来たという女性はこう言っていた。「子どもの頃お祭り好きの父に連れられて、眠い目をこすりながら船に乗って何度か見に来たことがあるんです。まだ夢を見てるのかなって思うほど現実感がなくて。大きな炎がとにかく怖かった」。冬の硬質な光の中で、一度見たら忘れられない巨体が次々と立ち上がっていった。

自転車で島を一周してみると、意外と大きな島であることに気づいた。コンクリートで舗装された道が外周にずっと続いて、地図を見て近いかと思った北側の浜まではかなりの距離があった。時折点在する別荘の廃墟、瀬戸内に穿たれた杭のように点在する時の残骸。北岸からは燧灘にぽっかりと浮かぶ魚島が見えた。暖冬とはいえ瀬戸内の空気は冷たく、どこまでも見渡せるような透明感がある。自転車を走らせていると、ふいに牧場があらわれた。山羊やポニー、鶏たちが見える。ここはスイスから移住してきたジャックさんがつくった土地。「ジャックのパン屋」として有名で、今では予約をしないとすぐに売り切れてしまうほどの人気店だ。牧場のかたわらには建築途中のカフェも。きっとこの場所で飲むコーヒーは格別だろう。お店でご本人と会い、いろいろ話を聞くこともできた。「ここには山も海もある。楽しむこと、前に進むこと、それだけ」。作業の手を止めず、淡々とそう語る姿が印象的だった。

島内は傾斜地が多く、集落は新居浜に面した南側に寄り添うように密集している。大きな寺がふたつもあり、回船業で潤ったかつての栄華を偲ばせる。集落を歩いていると、明らかに他とは違う立派な屋敷が見えてきた。真っ白な漆喰で塗られた壁、真新しい瓦が眩しい巨大な屋根。瓦には丸の中に上の文字。恐らく瀬

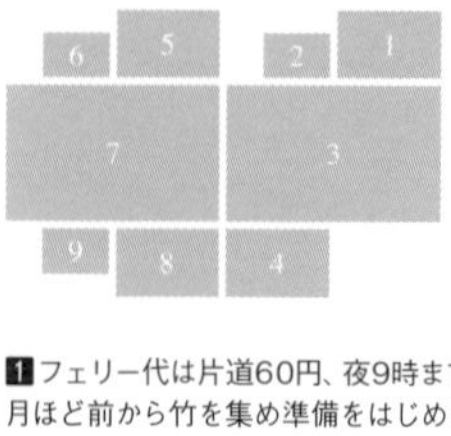

❶フェリー代は片道60円、夜9時までほぼ1時間に1本出ている　❷1か月ほど前から竹を集め準備をはじめる。ひとつのとうどで500本ほどの竹を使用する　❸かつて子どもたちはこの中に潜り込み、他の集落の子どもに壊されないように朝まで見張った　❹立ち上がったとうどに各自で持ち寄った正月飾りを縛りつけていく。島外からも持ち込み可能で僕も家のものを焼いてもらった　❺小幟の数はかつて集落の子どもの数を表した。今は島外に住む孫などの名前を書くそう　❻公民館の館長、矢野秀綱さんは島の八幡神社の宮司でもある。とうど送りの前夜、ボーイスカウトの子たちを前に正装して神事をおこなった姿が印象的だった　❼とうどは高さ約10メートル、これでも小さくなったほうで昔は13メートルほどあったそう　❽日本人の奥さんと神奈川から島に移住して来たスイス人のジャック・マニャンさん　❾ジャックさんの牧場は集落から離れた島の東側にある。島の方が軽トラに乗せて連れて行ってくれた

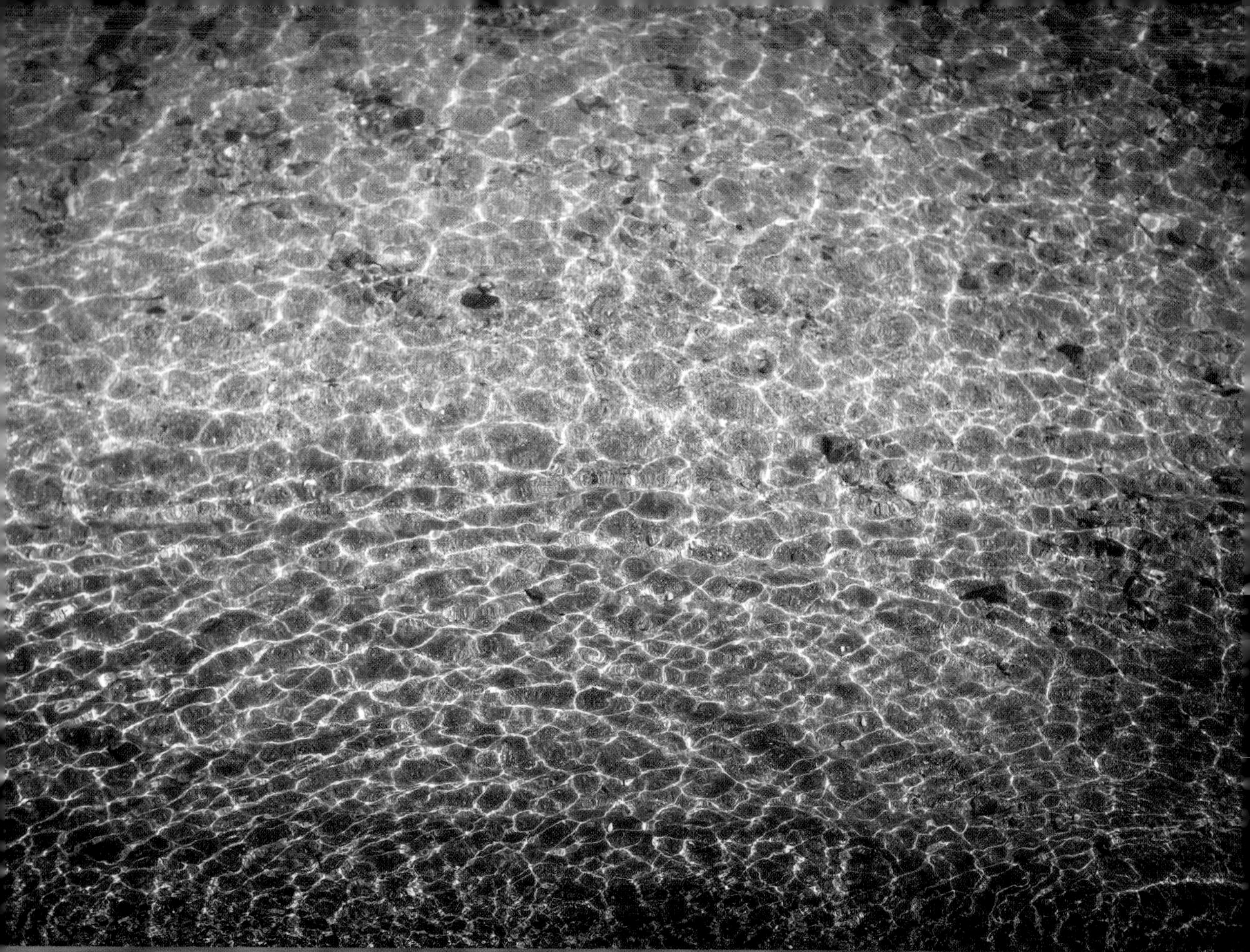

戸内で一番有名な家紋、村上水軍の「丸上印」だ。大きな門のひとつが開いていたので中をのぞくと男性がいた。「ひょっとして村上さんですか？」と声をかけてみると、「はい」と静かにこちらを向いた。話を聞くと伊予水軍の大将、村上義弘の子孫の方でここはかつての庄屋屋敷だそう。

普段は新居浜で働いているが、たまたま島に帰っていた。家の中に招き入れてくれ、先祖から伝わる水軍が使用した種子島銃や海戦用の長大な槍などを見せてくれた。天井の高い室内には巨大な神棚がいくつも並ぶ。大島は新居浜沖にあるが西条藩の領地だった。殿様が参勤交代の際にはこの屋敷が宿泊所に使われていたそうで、表のふたつあった巨大な門の片方は殿様専用のもの。「子どものときから自然にこれらを見て育ったから、特別に感じたことはないんです。でも定年退職したらまた島に帰って、住みながら家を直して守っていきたい」と言う。優しくも真っ直ぐな視線に伝説の海賊の面影が重なる。

夜の島を歩くと、周囲を海に囲まれた集落は、耳鳴りがするほど静かだ。この

日は新月で、漆黒の夜空に手が届きそうなところにオリオン座。今、ここも宇宙の一角なのだと実感する。防波堤まで歩くと、海を隔てた対岸に川之江の製紙工場の煙突と明かりが見えた。そこから右にぐるりと視線を移すと、うっすらと雪をかぶった法皇山脈の最高峰、東赤石山。瀬戸内では、過去からの歴史と新しい流れが同じ地平の中で重なりあい、それはまるで多重露光の写真のようだ。

とうど送りの朝、新居浜黒島港から大島行きの船は朝5時半から臨時便が出る。普段は静かなその船もこの日は乗り切れないほどの人が押しかけ、積み残しも出ることがある。ボーイスカウトの子どもたちがお接待としてぜんざいと甘酒を大勢の来島者にふるまう。すると程なくして一番東側のとうどから、前触れなく火があがった。「早い！」。冬の瀬戸内の空気で乾燥した竹は大きな音を立てながら一気に燃え、とうどはその四角錐の形のまま大きな火柱となった。一斉にあがる歓声とシャッターの音、焚かれるフラッシュ、そして爆ぜる竹の破裂音。とうどは頃合を見たところでその年の恵方に向かって引き倒される。「倒れるぞ

ー！」誰かが叫び、一か月ほどかけて作られた「怪鳥」は破裂音をあげながらどうっと倒れた。感傷に浸る間もなく続けざま、次のとうどに火が放たれる。夜明け前の闇を切り裂く紅蓮《ぐれん》が、見上げる群集の顔を赤く照らす。港の三つのとうどは連続して一瞬のうちに燃え尽き、見物客の中には早々に帰路につく人も見えた。しかし離れた場所にもうひとつのとうどがあるのを知っていた僕は、すべてを見届けようと集落の端へ自転車を走らせた。真っ暗な島の道を抜け、漁港を過ぎると埋立地に巨大な四角錐の影が見える。ちょうど火をつけようとしているところだった。「間に合った！」。そこには観光客はおらず、集落の人と帰省中の子どもたちだけがいた。垂直に駆けのぼる炎はやがて螺旋を描いて燃え上がり、暁の静寂をバリバリバリ！と激しい竹の破裂音が打ち破る。

とうど送りの日が過ぎると、島の人は一年のはじまりを感じ、春の訪れを待つという。火をつける前までは眠そうだった子どもたちも我を忘れ、食い入るように昇る炎を見つめていた。小さな瞳に輝く、渦巻く紅蓮。ひとりの女の子が隣の子に「怖い？」と聞く。その子は炎から目を離さず、押し黙ったまま首を横に振った。

ここにいるのは、島を離れて暮らす子どもがほとんどだろう。しかしこの時、瀬戸内で最古のものと言われるとうど送りの炎を見つめながら、本当に大切な何かが受け継がれていくのを感じた。いつの間にか、東の空を太陽が赤く染めはじめ、暗闇に包まれていた世界の輪郭が明瞭になってゆく。とうどづくりに初期から参加しているボーイスカウトの男の子は「毎年これが楽しみで、受験勉強しながらも通っているんです」と言っていた。

とうど送りは子どもの祭り、それは今も芯のところでは変わらないのだろう。燃え尽き、引き倒された最後のとうどの残り火のかたわらで、母親に注意されながらいつまでも遊ぶ子どもたちを見て確信する。

確かに目の前にいる子どもの数は多くない。しかし過去から未来を貫くはるかな時の中、無数の子どもたちがそこで遊ぶ永遠の風景の残像を、僕はふと見たような気がした。

宮脇慎太郎
フリーカメラマン

大阪芸術大学写真学科卒業後、出版社、スタジオ勤務を経てフリー。2015年9月には四国・祖谷の1年を追った初の写真集『曙光』を出版した。

『曙光』
発行 サウダージ・ブックス　B5判 80頁 並製　定価 1,900円+税
ISBN 978-4-907473-06-8 C0072　2015年9月11日刊行

「明日を生きる者よ、このすべてを受け継ぎなさい。霧の風景はそう私たちに告げる。私たちは、光を求めてゆく霧の子供なのである」。批評家・人類学者 今福龍太氏絶賛！　四国最深部の天空の集落、徳島県祖谷。平家落人伝説で知られる山里の光と影、聖と俗、野生と人為、そのはざまを流れるもの――写真家・宮脇慎太郎が祖谷の〈時〉を記録した、渾身の第一写真集。撮影・編集・デザイン・印刷製本をオール四国で行った、"ローカル出版"の作品です。

NORIMATSU MEGANE
乗松めがね
12回
専門家と歩く瀬戸内

瀬戸内を訪れた旅行団体「大阪探勝わらぢ会」

「乗松めがね」を通してみると、現在の風景のなかに隠れた歴史がみえてくる。「これは、何だろう?」過去への探索はいつも小さな疑問からはじまる。

文／乗松真也　写真／乗松真也、大池 翼、坂口 祐

仙酔島《せんすいじま》（広島県）の展望台で見つけた1基の石碑。その一面には「大阪探勝わらぢ会」の文字が刻まれている。

仙酔島は、古くからの港町である鞆《とも》の沖にある。鞆から20分おきに出る船に乗り込むと、石造りの鳥居と朱塗りの建物が建つ弁天島の脇を抜けて10分足らずで仙酔島に到着する。桟橋から海岸沿いの遊歩道をたどって、木々に覆われた小高い丘の頂上にある展望台を目指す。たどりついた展望台には東屋が設けられており、穏やかな海と弁天島を挟んで対岸の鞆のまち並みを見渡すことができる。石碑が建っているのはこの展望台のかたわらである。碑の別の面には「大正十四年五月十日建」と記されていることから、石碑は「大阪探勝わらぢ会」という団体が1925年（大正14年）5月10日に建てたものであることがわかる。

「大阪探勝わらぢ会」とはどういう団体で、なぜこの場所に石碑を建てたのだろう。

「大阪探勝わらぢ会」の発足

「大阪探勝わらぢ会」が紹介された新聞の記事を探すため、ある図書館に出向く。図書館のデータベースを使って当時の新聞を1枚1枚パソコンの画面で確認し、ようやく見つけたのが1918年（大正7年）3月20日の大阪毎日新聞11面の記事、「膝栗毛汽車栗毛　大阪に於る旅行団体」である。「膝栗毛《ひざくりげ》」は徒歩での旅を指す言葉で、当時の新しい交通手段である鉄道を組み込んだ造語「汽車栗毛」と併せたタイトルにしたのだろう。記事の導入部分には「わけても此の十年間に大阪市中で出来た旅行団体の盛なことは今更舌を巻くばかり　試みに常設的団体だけ調べて見ても実に二十幾つを数へられる」「旅行といふことが何れだけ大阪人に歓ばれて居るかを知ることが出来る」とある。当時の大阪には20以上の旅行団体があり、大阪の人たちは旅行好きだったというのである。この記事では計6回にわたって大阪と周辺の旅行団体を紹介している。それによれば、「大阪探勝わらぢ会」は1906年（明治39年）6月に発足した旅行団体で、同様の団体のさきがけだったという。当初は男性中心の会だったが次第に女性の会員が増え、その傾向は他団体にも現れるようになった。1918年3月時点で126回の旅行が開催されたが、そのすべてに参加していた唯一の会員も、当時70歳の内田こまという女性だった。新聞にまで取り上げられたこの会の発起人は、新町橋の東詰※1で饅頭店を営んでいた木下一瓢《いっぴょう》である。木下の妻と娘も率先して旅行に参加しており、そのことが女性会員の増加につながったようだ。木下は「大阪探勝わらぢ会」発足以前にも、地元の小学校で児童の旅行の必要性を説いていたというから、かなりの旅行好きだったのだろう。

仙酔島の展望台から見た鞆の風景。手前に見えるのが弁天島

鞆から仙酔島へは、連絡渡船で約5分。往復運賃は大人240円、子ども120円

江戸時代、鞆に滞在した朝鮮通信使は高台にある福禅寺からの眺めを賞賛した

各地への旅行

図書館の別の階へ移動し、『道づれ』という本を書庫から出してもらう。この本を編集したのは「大阪探勝わらぢ会」で、発行は1922年（大正11年）である。目次には第1回目から第50回目までの旅行地が列挙されている。『道づれ』とは、「大阪探勝わらぢ会」による1906年6月から1911年2月までの51回の旅

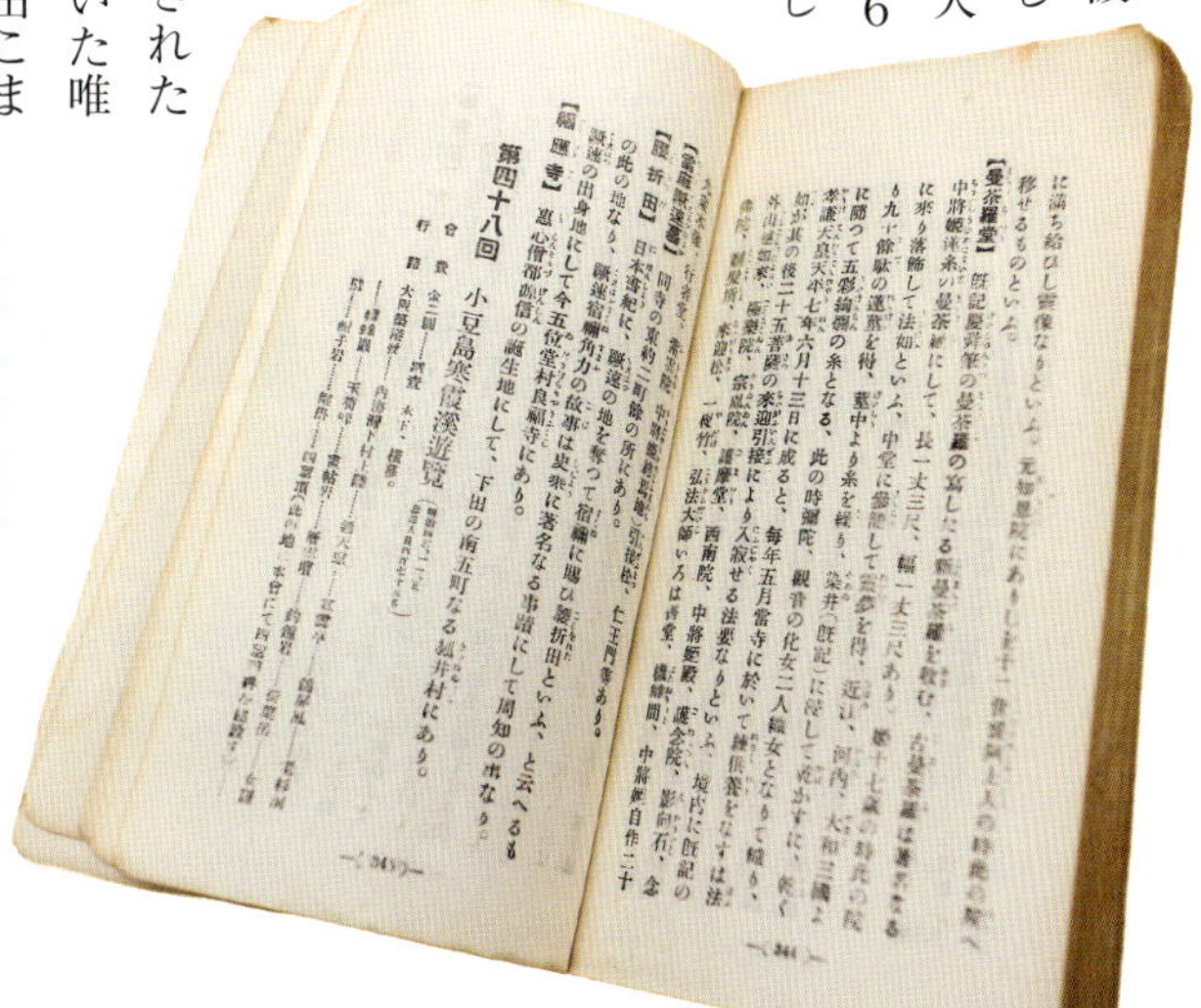

1922年に発行された『道づれ』。B6判よりも少し小さめの縦長の判型で、黄色の表紙に挟まれた中身は370ページ以上もある

※1　現在の大阪市中央区南船場のあたりか。

行記録である。記念すべき第1回目の旅行先は鳴川（奈良県）で、参加者は12名だったが、その後参加者は増え、数百人になることもあった。「大阪探勝わらぢ会」は、事前に数人で下調べをして作成した案内「わらぢ会誌」の配布で集客し、毎回参加者から費用を徴収するスタイルだった。基本的には近畿地方のどこかを目的とする日帰り旅行で、近くの駅まで鉄道を使い、そこから徒歩、という行程だが、1907年8月には泊まりがけで富士登山を行った。富士登山が一般的ではなかった当時のためか、『道づれ』には「十分な睡眠を取ること」「無理な行動をしない」といった注意点が記されている。なかでも「草履を最低7足用意すること」は「くれぐれも失念すべからず」と強調されている。下山時に草履を何足も破ってしまううえ、途中で入手することもできないためである。

1910年11月の第48回の旅行では、色づき始める小豆島（香川県）の寒霞渓《かんかけい》に登っている。参加者はそれまでで最多の475人とある。51回のうち、近畿地方を出たのは富士山とこの寒霞渓のみである。大阪築港を船で発った一行は、小豆島の下村（現・草壁港付近）に上陸、寒霞渓の表十二景と呼ばれる登山道を登り、別ルートから下山、下村から乗船して大阪に戻っている。行程中には「此の地に本会にて四望頂碑を建設す」という記述が見える。寒霞渓の頂上である四望頂《しぼうちょう》に石碑を建てたらしい。他の50回の記録には同様の記述が出てこないため、寒霞渓に初めて石碑を建てることになったようだ。

旅行先に建てた石碑

寒霞渓中腹の登山道入り口から徒歩で頂上を目指すと、1時間足らずで四望頂にたどりつく。四方を望むことができる、という名前のとおり、そこからは瀬戸内海の島々や四国を見渡すことができる。江戸時代以来、多くの人が訪れた四望頂は展望台として整備され、寒霞渓に関わってきた人たちを讃える石碑がいくつもある。そのなかにひときわ背の低い石の柱があるのを見つけ、近づいて観察してみると、方柱の上端だけが円柱形になっているのがわかる。表面に文字が刻まれているようだが、風化していて判読しづらい。それでも指で凹凸をたどっていくと

「大阪探□わらぢ会　登山記念」
「明治四十三年十一月六日□□」※2

と読める。「大阪探勝わらぢ会」が第48回の旅行の際に建てたのは、この石碑とみて間違いない。500人近い参加者による寒霞渓への旅行は、初めて船旅を組み込んでいることもあって、通常とは異なる特別なものであり、それを記念して石碑を建てたのだろうか。

上：寒霞渓の頂上、四望頂から南側の四国方面を望む　下左：四望頂に建てられた石碑。上端の円柱部分には方位が刻まれている　下右：四望頂へはロープウェイでも登ることができる

※2　□は判読できない文字。

「大阪商船」による女木島観光のパンフレット
（高松市歴史資料館蔵）

石碑をどこに建てたのか

四国でもっとも著名な温泉といえば道後温泉（愛媛県）だろう。道後温泉本館から南へ歩くと道後公園にたどりつく。外周の堀を渡り、園路を少し歩くと見えてくる東屋の脇に方柱の石碑がある。「大阪探勝わらぢ会」が1919年（大正8年）に建てた石碑である。また、女木島《めぎじま》（香川県）にも1931年（昭和6年）の石碑が建っている。いずれも『道づれ』に収録された旅行以後の石碑のため記録では確認できないが、石碑の文字を信頼するなら、「大阪探勝わらぢ会」の旅行は昭和初期まで続いていることになる。そして、寒霞渓以後、道後温泉、仙酔島、女木島と船を使って瀬戸内各地へと足をのばし、旅行記念に石碑を建てている。背景には「大阪商船」などが積極的に提案していた近畿から瀬戸内への船旅もあるだろう。また、女木島は1931年ころに開発された観光地であり、「大阪探勝わらぢ会」はそういった新たな観光地にも目を向けていたのである。

インターネット上のブログなどによれば、「大阪探勝わらぢ会」が関わった石碑は養老の滝（岐阜県）や香取神宮（千葉県）にも存在するようだ。「大阪探勝わらぢ会」が遠方への旅行に際して石碑を建てているのであれば、さらに他の観光地にも残っていても不思議ではない。石碑がいつ、どこに建てられたのかを調べていくと、各地が観光地として認識される経緯や交通手段の整備過程などがみえてくるかもしれない。

1931年（昭和6年）
女木島の鬼ヶ島大洞窟入口に建てられた石碑。上端が円柱形ではない

1925年（大正14年）
仙酔島西端の展望台にある石碑。裏には聖上銀婚式奉祝記念とある

1919年（大正8年）
道後温泉の近く、道後公園北端にある湯釜薬師横そばに建つ石碑

1910年（明治43年）
小豆島の寒霞渓頂上に建てられた石碑。上端に方位が刻まれている

乗松真也　歴史研究者

1974年愛媛県松山市生まれ。岡山大学文学部卒業。専門は弥生時代以降の漁業など。ブログに「瀬戸内生業史ノート」。

ひとくち歴史メモ

「大阪探勝わらぢ会」の石碑の多くは特徴的な形をしている。方柱で側面に「大阪探勝わらぢ会」や建立年月日、その地の解説などがある。上端は円盤状に削り出され、上面には方位が刻まれている。碑の場所での方位は、地図が手元にあって初めて必要になる。会員は地図を携えて旅行していたのだろうか。なお、コンパスで測ってみると石碑の方位は正確なものでない。石碑が動いていないという前提ではあるが、方位はおおよそで役割を果たしたのだろう。

引き続き「大阪探勝わらぢ会」の石碑を探しています。石碑の情報などがあれば、メールでご連絡ください。
info@setouchikurashi.jp

ちやほやされたい…
いつもせとうち暮らしメンバーにいじ(め)られている?! あっこ

妄想?! 旅するあっこの移住計画。

第7回 志《し》々《し》島《じま》(香川県)編

腰を据えてみて初めて島の暮らしが見えてくるんじゃないか。特に守るものなどないフリーダムライターあっこが、島移住をプチ体験。遠慮なしにレポートします。今回は、前回おじゃました牛島でおすすめされた志々島。なにせさびしがり屋なもので、私と同世代の女の子が暮らしているときいて期待値が急上昇したのです。

取材・文・写真／山下亜希子　イラスト／斉藤明子　※本人が写っている写真はその場に居合わせた島の方による撮影です

昔むかし志々島には約1000人が住んでいて
その多くが花農家 島一面がお花畑でいろどられていました。
今は人口20人弱 花農家はいなくなり島の人がそれぞれお花を育てています。
さいごの花農家、高島さん
ちょっと前まで花を出荷しとったけどなー
そんな志々島に、一年半前に移住してきたさきちゃん。
ぱぁぁ
さきちゃん魚いる?
さきちゃん野菜あげるわ〜
さきちゃん
蝶よ 花よ…
さきちゃーん
さきちゃーん
こんな生き方もええなー
島には今かわいらしい花がさきはじめています。(ダジャレ)
ちやほやされたいならいい子でいないとね!

島の名物は、碁石茶でつくる「茶粥」。島のお母さんたちが大きな釜で大量につくってくれました

志々島(ししじま)

面積 0.74k㎡、周囲3.8km、人口15人。宿、飲食店、商店は不定期で開店。自販機、公衆トイレ1か所。

宮の下港から高速船で約20分。須田港から粟島経由で約50分。港から20〜30分ほど歩くと、みごとな枝ぶりの樹齢1200年になる大楠があり、壮観。この大楠に魅了され、移住を決めた人もいるそう。

志々島は昔、「参り墓」と「埋め墓」の両墓制がとられていました。
志々島の海に面した「埋め墓」は、カラフルな花で彩られ、訪れる者の目をひきます。

今から10年ほど前、どこかでこんな話を聞きました。

「こないだ志々島に行ったら、廃屋が雑草にのみこまれそうだったの。あぁ、こうして島は自然にかえっていくのかなぁと、さびしい気持ちになったんだよね」

その話があまりに衝撃的で、私は、「はやく行かないと島が植物にのみこまれてしまう」という焦りを覚えたのでした。

それだけに、前回の移住体験で行った牛島で、島の元気な人たちから志々島の話が出たときは驚きました。

「志々島が今すごく盛り上がっていて、おもしろいわよー！　ぜひ行ってみて」

お、おもしろい?!　自然にかえりつつある志々島が？　話のギャップにたちまち興味をもった私。しかし、移住体験しようにも志々島には宿泊できる場所がありません。まずは、単独で島の様子をたしかめに行きました。

お花畑と幻の移住女子を探して

三豊市にある宮の下港から志々島行きの船に乗り込んだのは、なんと私だけ。

志々島の人口は15人で、そのうち島でずっと暮らしている人が4人ほどいるそうです。島に着き海岸沿いを歩いていると、冬だというのに、埋め墓の裏側に赤やオレンジの花が咲いていました。

「どうぞ見ていってね。ほかにもいくつか花畑があるよ」

そう話しかけてくれたのは、埋め墓の近所にお住まいだというご夫婦。埋め墓を越えていったところに広がる小中学校跡地にもお花を植えているそうです。まわりを見渡すと、あちこちに小さな花畑が。一時は花の栽培がさかんで、人口が1000人を超えた時期もありました。その頃は、島が四季の花々で彩られていたそうです。昔の話や今の話を、島で会った2〜3人の人から教えてもらうなか、ひときわ興味深い話がありました。それは、1年ほど前に移住して、島から宮の下港周辺の会社に通う30歳の女性がいるという話。私と同世代の女性がいるなんて、会ってみたい！

かかし談義！

港に降り立つと、花畑とかかしがお出迎え。かかしの新しい服を眺めて盛り上がる島のお母さんと、一昨年移住した女性さきちゃんの姿が。ほかにも、島には、「はなみち」の立て看板が置かれた花畑もありました

志々島をはじめ塩飽諸島の風習だった両墓制の中でも、見晴らしのよい海辺に広がる志々島の埋め墓は、まるで小さなお家が集まっているように見える

宮の下港と志々島を結ぶ小さな船。ときには島の人の大きな荷物を運ぶこともあるので、客席と同じくらい広いデッキがある

志々島に小中学校がなくなったのは昭和50年ごろ。現在、島で暮らす人の多くは定年退職後にUターンしたり、Iターンで島に移住したりとさまざま。

自然にのまれる島から移住者にやさしい島へ

島に住みながら、島外の職場に通う若い女性。これぞ、私が求めていた島移住のシチュエーション。けれど、その女性は忙しいようでなかなか連絡がとれませんでした。そもそも、彼女が仕事を終えて島に戻る最終便の船で、私は島を出なければならないわけで。そんなすれ違いが続くなか、再び私はふらりと志々島に行ったのです。

島の中は、海沿いの道をのぞいてほとんどが坂道。家は山の斜面に沿って段々畑のように建っています。やっぱりほとんどが空き家だなぁと思いながら、坂の路地を歩いていたら、改修中の家を発見しました。といっても、ここはクレーンなどの重機が入れない路地の家。見ると、3人の男性が職人さながらの慣れた手つきで板を張ったり瓦をふいたりしています。聞けば、ゲストハウスをつくっていて、今度の移住促進イベントで宿泊可能とのこと。しかも開催は2週間後。

私は、すっかり抜け落ちた床を眺め、素人ながら「間に合うのかなぁ」と不安に思いました。けれど、そのイベントが移住希望者向けのイベントだと聞いて参加することに。なんといっても、自然にかえりかけたはずの志々島が、移住促進の動きをはじめたことにときめいたのでした。牛島で聞いた「志々島が今、おもしろい」という話は、このことだったのか。

イベント当日、泊まれるのをいいことに最終便で志々島に向かった私。いつも乗っていた昼便とは違い、仕事や用事を終えて島に帰る人で船の中はにぎわっていました。そのなかに「移住女子」らしき女の子がひとり。話しかけようか迷っているうちに、船は志々島に到着。気になるゲストハウスは、ほとんど手を入れずに住める1軒と、2週間前に大がかりな改修を見た1軒がきれいにできあがっていました。

どうやらこの日に泊まるゲストのうち女性は私のみ。というわけで、必然的に集会所で夕食のお手伝いをすることに。「山下さん、ちょっと野菜切って。あ、

イベント開催2週間前の改修中のゲストハウスは、まだ床の基礎をつくっている状態でした

イベント当日、大変身したゲストハウス。きれいに畳や襖が張られ、およそ2週間前の状態からは想像できないほどの美しい仕上がり。ゲストハウスなので住めませんが、今すぐ住みたいくらい。もともとは、明治元年に建てられた重厚な建物です

今回私が参加した移住促進のイベントや、ゲストハウスについての問合せは、
「志々島振興 合同会社」（☎0875-83-5717）まで。

大根を大きく切りすぎたね」

そんなやりとりのなか印象的だったのが、「こんなふうに、島で大人数で集まるのは珍しいねぇ」としみじみ話す島の人たちの笑顔。やっぱり人が増えるのは純粋にうれしいものなんだな。そうして会食がスタートすると、船でみかけた女の子がやってきました。

私「こ、こんばんは。私、あきこです」

さき「わ！　似てる。私、さきこです」

ふんわりとかわいらしい、さきちゃんの雰囲気に目尻が下がる私。さきちゃんが自分の畑で育てた甘いヒメニンジンをかじりつつ話すうちに、すっかり打ちとけてました。

次の日、さきちゃんの家に行くと、島の人に手伝ってもらいながら1年がかりで空き家を改修したという部屋には、大きなピアノが置かれていました。

「ピアノをおもいきり弾きたくてこの島に来たの」

そう話すと、さきちゃんは、私が弾こうとして間違えてしまった「メヌエット」をテンポよく弾いてくれました。そうか、人が少ないからいいこともあるんだ。生活音は聞こえないけれど、小鳥の羽音やさえずりで周囲は静寂とはかけ離れています。

ところで気になるのが、会社員をしながら志々島で暮らす方法。聞けば、朝の便で島を出て、宮の下港の周辺にある会社で8時半～15時半まで働けば、最終便で島に帰れるそうです。船の乗車時間は20分程なので、高松市に暮らす人が自転車で職場に通うときの平均時間とそう変わらないかも。一見すると無理に思える移住環境でも、意外にすんなりと実現できるかもしれません。

すがすがしいわあ～

海辺の朝焼けをみながら、「志々島で暮らすとこんなにさわやかな朝が迎えられるのだ」としみじみ

山下亜希子
旅するライター

移住者へのインタビューを重ねるうちに、自分が移住そのものを体験してみようと思いはじめる。あちこち漂いながら、旅ライターの「旅」は人生の旅という意味かも、と思う今日このごろ。

朝の演奏♪

さきちゃんが暮らす家の外には小さなかまどがあり、食事の煮炊きはすべてここでおこなうそう。どうりで、昨夜さきちゃんが持ってきてくれたご飯はおこげがいっぱいでおいしかったわけだ

まるで島の嫁？！

夕食の鍋は、島で採れた大根や白菜、定置網にかかっていた魚をぶつ切りにした、島三昧のお鍋です。近所のおばさんから差し入れされたタコをつまみ食いしながら、和気あいあいと鍋の準備をする私

高松にある古本屋店主が選ぶ、旅に持って行きたい一冊

第7回 な夕書評

椿咲く春に思い出す人
すべての美は本に放たれて

花椿（787号）
発行　資生堂企業文化部
2013年6月5日発行 7月号

写真／浦中ひとみ

東京から高松へ戻った10年前、私にとって瀬戸内の島とは直島だった。その頃の直島は飲食店がほとんどなかったので、「カフェまるや」によく足を運んだ。「まるや」の店主のルリ子さんは、関東から直島へ通ううちに島の魅力にとりつかれ、移住を決めた。「この島でコーヒーを飲めたらすてきだのに」彼女が「まるや」をはじめたのは、その想いからだけだったという。香川の島に移り住み、そこでお店を開く人の気持ちなど、当時の私には少しも理解できなかった。

「まるや」の店内にはたくさんの本が置かれていた。それはルリ子さんが本好きだったからか、お客さんに読んでもらいたいと思っていたのか、今となってはわからない。その頃の私は後に自分が本屋を開店するなど微塵も思っておらず、そのカフェに並べられた本の10冊すら手にしたことはなかった。しかしある本に目がとまった。『here and there』というタイトルで、判型が他と違うのが気になり手に取った。

瀬戸内国際芸術祭の二回目が開催された２０１３年、私はな夕書に来てくれたお客さんにあるものを渡し続けた。その

名は『花椿』。1937年創刊の資生堂の企業文化誌である。資生堂の美意識を伝えるべく、単なる化粧品の紹介だけでなく、ファッション、カルチャー、文芸、食文化や海外トレンドをいち早く、感度よく取り上げ続けた時代の最先端を伝える媒体だ。2013年7月号の『花椿』は巻頭で小豆島を舞台にしたグラビアが特集され、瀬戸内国際芸術祭を紹介しているためか、私のもとに大量に届いたのだ。つまり私は一生懸命になって資生堂のPR誌を配り続けていたわけだ。受け取るお客さんはそれを喜んでくれた。電力会社のPR誌だったらさすがに受け取り断固NO！ってお客さんもいただろう。その号の『花椿』には、すっとお客さんに手渡せる何かがあった。

著名な写真家やスタイリストが瀬戸内を題材にしたからではない。瀬戸内の島々、芸術祭の情報がびっしりつまった本が次々と発刊される中、『花椿』は情報を羅列するだけではなく、瀬戸内を魅せようとする姿勢が際立っていた。世の中にあふれる「美」を編集し、「美」という永遠のテーマを追いかけ続けてきた『花椿』の作り手たちは、瀬戸内をこうも美しく表現できるのかと、その美的センスに嫉妬すら覚えた。

『花椿』の編集に長年携わった方がいる。林央子さんだ。彼女が企画原案した「拡張するファッション」展は、2014年に香川県の丸亀市猪熊弦一郎現代美術館で開催された。私はその時に林さんが『花椿』の編集に携わっていたことを知る。そしてフリーランスになってから彼女が発行していた本、それこそが直島でかつて手に取った『here and there』だった。

「まるや」の店主だったルリ子さんは、今では湘南に住んでいる。『花椿』は2015年末をもって月刊誌を廃止し電子版に移行。「まるや」にあった本は、長い時間をかけて私の元に届いた。

本屋をはじめて私が語れることなどそう多くない。過ぎた月日が私に教える。時間をかけてこそ感じられるあちらこちらのだれかの存在、まだ見ぬものとのコミュニケーション。それを取り持つのが、本が秘した非効率な力でありおもしろさであると。『花椿』はさらに伝える。本が持ち得る美しさを、情報を交換するだけのむなしさの代わりに。

藤井佳之　なタ書店主

店をはじめて10年目になりました。とはいっても当店は予約がある時にしかオープンしておりません。延べの営業時間で換算したら、他の本屋さんの3年目くらいでしょうか。

What is なタ書？

「出張本屋」

なタ書は、香川県高松市にある完全予約制の古書店です。私が何者かわからないのに予約するのは勇気が必要かと思います。予約の敷居を低くするため、あちらこちらと出張本屋にでかけます。島に行って本屋をしたり、商店街で本屋をしたり。屋外で本屋を開いてお客さんとにこやかに会話を交わす⇒次から予約も気軽にできる♪ 完璧です。なタ書はあなたが住むところまでどこへでも旅立ちます。お気軽にご連絡くださいませ！

問い合わせはコチラまで⇨☎070-5013-7020

白石島
岡山県

島に伝わる伝統の踊りを幻想的な浜辺で鑑賞＆体験

平安時代からその美しさを和歌に詠まれ、江戸時代には海上交通の要衝として栄えた白石島。源平水島合戦で戦死した人々を弔うために始まったとされる「白石踊」が国指定重要無形民俗文化財指定から40周年を迎えることを記念して、特別公演をおこないます。会場は夕日に照らされた砂浜。幻想的な雰囲気の中、古式ゆかしい踊りを鑑賞・体験できる、またとない機会です。

「白石踊」特別公開・体験
日時：2016年4月2日(土)、4月29日(金・祝)、5月3日(火・祝)、5月4日(水・祝)、6月11日(土)、6月25日(土)日没頃
会場：
白石島海水浴場
参加費：無料
問合せ：
笠岡市観光連盟
☎ 0865-69-2147

家島
兵庫県

家島の暮らしと観光客をつなぐ案内人

姫路港から船で約30分、瀬戸内海一とも言われる漁獲高を誇る家島諸島。家島在住の中西和也さんは、島で暮らす人々と観光客をつなげる観光案内人「いえしまコンシェルジュ」として活動しています。島の人との交流を大切にしながら、島の日常を体験する旅をしてみませんか？　家島観光のよろず相談役としてもお気軽にお問い合わせください。

いえしまコンシェルジュ
問合せ：
☎ 079-240-9138(9:00～17:00)
※ガイド中は電話に出られない場合がございます。
info@ieshimacon.com
http://ieshimacon.com

香川県

香川とアートを満喫するよくばり旅

美しい瀬戸内海の島々を舞台に、3年に一度開催される現代アートの祭典「瀬戸内国際芸術祭2016」が3月20日(日)から開催されます。それに伴い、小豆島・琴平・高松市内で宿泊し、瀬戸内国際芸術祭や既存のアート作品が鑑賞できる宿泊プランを近畿日本ツーリストが企画しました。アートだけでなく、香川県ならではの観光地めぐりも自由に楽しめます！

中四国発の瀬戸内国際芸術祭アートを楽しむ旅
期間：2016年3月19日(土)～11月7日(月)宿泊
問合せ・申し込み：
(株)近畿日本ツーリスト
中国四国メイトホリデイダイヤル
☎ 0570-004-895
(10:00～18:00、日曜祝日休業)
http://www.knt.co.jp

香川県

香川県公式観光サイト「うどん県旅ネット」で『せとうち暮らし』が島旅コースを提案！

公益社団法人香川県観光協会が運営する、香川県の観光、イベント、グルメなどの情報が満載のウェブサイト「うどん県旅ネット」にて、『せとうち暮らし』が瀬戸内国際芸術祭の会場の島を中心に島旅のおすすめコースをご紹介することになりました。歴史を探ったり、地元の食を味わったり。『せとうち暮らし』流の島めぐりをぜひ体感してください。

うどん県旅ネット
http://www.my-kagawa.jp
「アート」か「島旅」→「モデルコース」をクリックしてください。

小豆島
香川県

“宝の島”、小豆島においでよ！

年間約100万人の観光客と多くの移住者を魅きつけている小豆島。島民によるはじめての小豆島案内が出版されました。イラストルポライターの内澤旬子さんや当誌でもおなじみ「醤油ソムリエ」の黒島慶子さん、フォトグラファーの浦中ひとみさんらが寄稿しているほか、イラストレーターのオビカカズミさんのルポも満載。等身大の「小豆島暮らし」の魅力がたっぷりつまった一冊です。

『おいでよ、小豆島。』
著者：平野公子と
島民のみなさん
定価：本体1,300円＋税
ISBN：978-4-7949-6918-7
発行：晶文社

小豆島の
MeiPAMでも
好評発売中！

小豆島
香川県

「二十四の瞳映画村」に
ブックカフェがオープン

4月21日（木）「二十四の瞳映画村」内に「Book Café書肆海風堂（Umikaze books）」がオープンします。醤油蔵を模した味わいのある建物の2階には『二十四の瞳』にまつわる書籍や映画のほか、旅に関する書籍やDVDも並んでいます。こだわりのオリジナルコーヒー「うみかぜ珈琲」を味わい、潮騒の音を聞きながらゆったりとした時をお楽しみください。

Book Café書肆海風堂
場所：二十四の瞳映画村
香川県小豆郡小豆島町田浦
☎ 0879-82-2455
営業：9:00〜17:00（11月は8:30〜17:00）

瀬戸内の
最新口コミ情報
せとみみ

小豆島
香川県

オリーヴの樹が語りかけてくる「樹のささやき」

小豆島「迷路のまち」にあるアートギャラリー「MeiPAM1」では「樹のささやき」岡澤加代子 木口版画展が開催されています。オリーヴの樹のおもしろいカタチを、版画家の岡澤加代子さんが彫って刷って、版画として表現しました。島の空や土、空気や人、におい、音も感じられる作品に思わず魅入ってしまいます。

「樹のささやき」岡澤加代子 木口版画展
企画：平野公子
会期：2016年3月5日（土）〜4月17日（日）
場所：MeiPAM1（入館料無料）
※展示作品は販売します。
香川県小豆郡土庄町甲405
☎ 0879-62-0221
料金：MeiPAM共通券 一般1,000円（瀬戸内国際芸術祭2016パスポート提示で800円、中高生700円（「瀬戸内国際芸術祭2016」パスポート提示で500円）
営業：10:00〜18:00（入館は17:30まで）
定休：水曜日（祝日及び瀬戸内国際芸術祭会期中は開館）

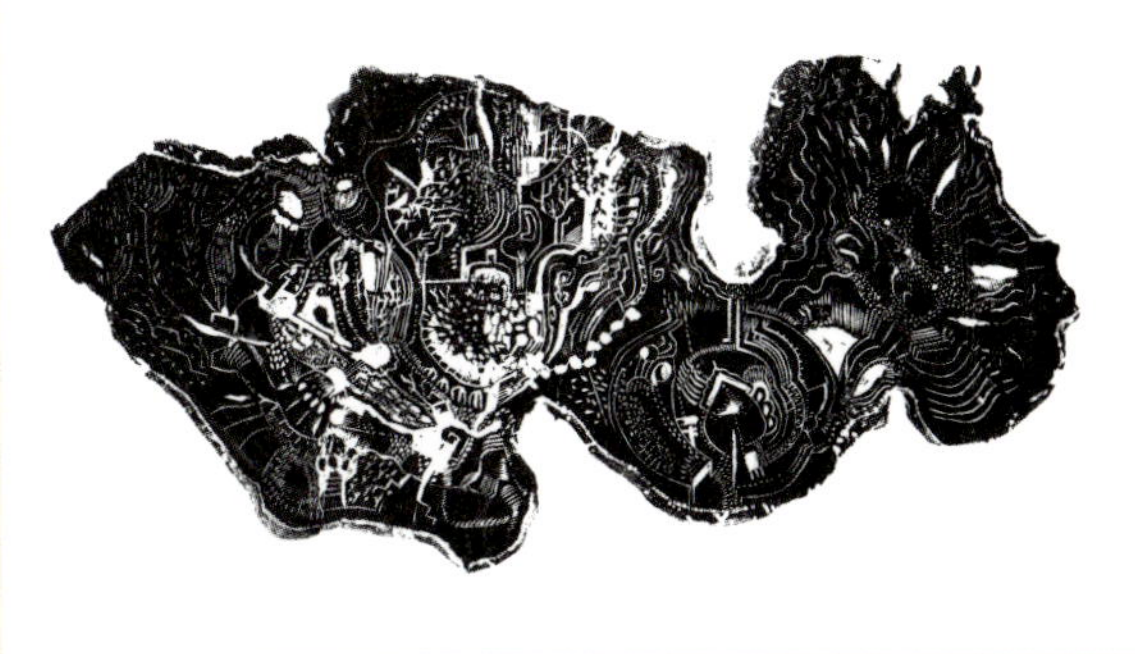

全国

日本各地の新しい生き方、働き方をインタビューで紹介

インタビュアーにスポットを当てるインタビューサイト「カンバセーションズ」の出張取材企画が書籍になりました。移住、場づくり、地元愛などをテーマに、日本各地で新しい生き方、働き方を実践している13組27名の対談集。当誌で「なタ書評」を執筆している藤井佳之さんもインタビュアーとして登場するほか、直島、小豆島にスポットを当てた章も。ぜひご一読ください。

『旅するカンバセーションズ』
編著者：原田優輝
定価：本体1,380円＋税
ISBN：987-4-9908660-0-6
発行：カンバセーションズ・ブックス

写真提供：（公社）今治地方観光協会

大三島
愛媛県

豊作を祈る 大山祇神社御田植祭「一人角力《ひとりずもう》」

物事をひとりで気負いこむことを意味する「一人相撲」。その言葉の由来になった「一人角力奉納」が大三島の大山祇神社で年に2回執りおこなわれています。そのうちの1回が毎年旧暦の5月5日に開催される御田植祭。島内から選ばれた、かわいらしい早乙女が御田植えを奉仕した後、目に見えない稲の精霊と相撲をとる「一人角力」が奉納されます。3番勝負でおこなわれる「一力山（力士）」と精霊の土俵際いっぱいの熱戦は必見です。

大山祇神社御田植祭
日時：2016年6月9日（木）[旧暦5月5日] 12:30〜
場所：大山祇神社
愛媛県今治市大三島町宮浦3327
☎ 0897-82-0032

坂出
香川県

うみとしまのおはなし会・講演会
〜瀬戸内の島々から広がる新しいトビラ〜

坂出市立大橋記念図書館に『せとうち暮らし』総編集長の小西智都子がお邪魔します。地元の島にまつわる昔話や瀬戸内海のちょっと意外なお話など、子ども向けと大人向けの2部構成のトークイベントです。会場となる坂出市立大橋記念図書館は、本好きならきっとファンになる、本と人にやさしい図書館です。のんびり本と島を楽しみに、親子でお出かけください。

日時：2016年4月10日（日）
①おはなし会13：00〜13：30、
　対象：3歳〜小学生／親子同伴可（定員20組）
②講演会14：00〜15：00
　対象：高校生以上（定員50人）
　※いずれも申込先着順
場所：坂出市立大橋記念図書館
香川県坂出市寿町1-3-10
参加費：無料
詳細については坂出市立大橋記念図書館まで
☎ 0877-45-6677

Book Recommendations

おすすめ書籍のご案内

PICK UP

「焚火のあとに食べるごはんとその時間。
それはきっと豊かなひとときで、私たちのつながりを
深くしてくれることでしょう」——本書より

オリヴ&アルス叢書
『焚火かこんで、ごはんかこんで』

著者 どいちなつ（料理家、淡路島在住）

B5判ソフトカバー／88ページ／カラー写真多数
1,500円+税

瀬戸内の島々で、焚火を囲んでおしゃべりする食のこと、暮らしのこと、旅のこと、好きなものたちのこと。
淡路島在住の人気料理家・どいちなつさんのエッセイと、「こころとからだにやさしいごはん」というコンセプトで、主食や野の恵みをいかしたレシピを紹介。

サウダージ・ブックス
SAUDADE BOOKS

《瀬戸内の文芸》シリーズをご紹介します。
表紙カバーの絵は、本誌でも活躍する画家・絵本作家のnakabanさんの作品です。

『幼年画』
原民喜 著
1,600円+税
原爆に被災した作家が、広島での幼い日々を追想する短編小説集。「読売新聞読書面」などで紹介。

**『「一人」のうらに
尾崎放哉の島へ』**
西川勝 著
2,000円+税
小豆島で没した放浪の俳人を通して、人生を問う紀行エッセイ。

**『瀬戸内海のスケッチ
黒島伝治作品集』**
黒島伝治 著
2,000円+税
『二十四の瞳』の壺井栄が敬愛した小豆島出身の文学者の名作選。

Info.

株式会社 瀬戸内人《せとうちびと》 サウダージ・ブックス
〒760-0013 香川県高松市扇町2-6-5 YB07・TERRSA大坂4F
☎&FAX：087-887-3221（担当：淺野）
メール：saudadebooks@gmail.com

上記の書籍は、全国の主要書店、ネット書店でご購入・ご注文いただけます。当社へ直接ご注文の場合は、書籍名、冊数、氏名、住所、電話番号を明記の上、FAX（087-887-3221）もしくはメール（saudadebooks@gmail.com）にてご連絡ください。注文確認後2営業日以内に商品を発送します。送料無料。商品到着後、同封の請求書をご確認いただき、お支払いください。

Back Number

『せとうち暮らし』バックナンバー

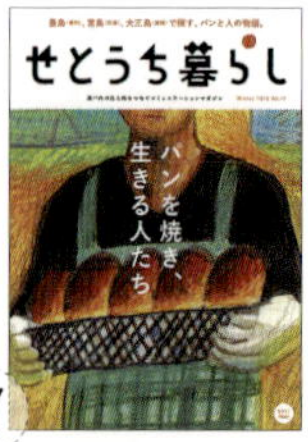

17号

パンを焼き、生きる人たち
豊島／宮島／大三島
（917円+税）

16号

島で過ごす大人の夏休み
笠岡諸島／小豆島／宮島
（917円+税）

15号

船で渡る旅
せとうち菓子日和／鞆の浦
（890円+税）

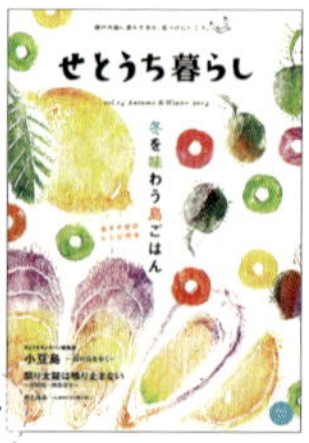

14号

冬を味わう島ごはん
おすそ分けレシピ／小豆島
（890円+税）

13号

海賊の海を旅する
和田竜インタビュー／
大三島
（890円+税）

12号

瀬戸内海へようこそ。
石川直樹インタビュー／
周防大島
（890円+税）

11号

瀬戸内国際芸術祭2013
とっておき！
芸術祭の巡り方、楽しみ方
（571円+税）

10号

直島
漫画「うらら」作者の
ひうらさとるさんと歩く
（571円+税）

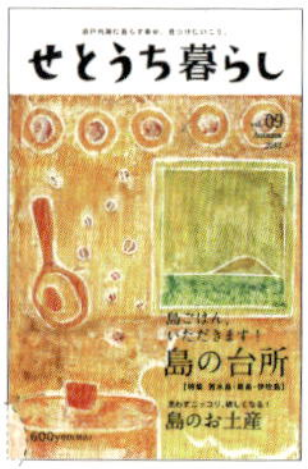

9号

男木島・粟島・伊吹島
島ごはんいただきます！
島の台所
（571円+税）

8号

高見島
潜水漁師に聞いた
海の中の世界
（571円+税）

7号

小豆島
オリーブで染める
島の色
（571円+税）

《『せとうち暮らし』定期購読のご案内》

確実にお手元に届く
定期購読は
いかがですか？

好評につき期間延長！ お好きなバックナンバー1冊プレゼントキャンペーン実施中！

定期購読料 年間2,751円+税
［内訳：雑誌定価 917円+税× 3号分］

3大特典

特典1
お好きなバックナンバーを1冊プレゼント
+1冊
※7〜17号からお選びください。
初回分と一緒にお届けします。

遠く離れたご友人に
お届けするのも
おすすめです！

特典2
毎回送料無料
¥0

特典3
「せとちゃんピンバッジ」（600円相当）をひとつプレゼント

※どのピンバッジが届くかはお楽しみ。
初回分と一緒にお届けします。

ご希望の方は、ウェブサイト、メール、お電話もしくはFAXでお申込みください。
ウェブサイト：**http://rootsbooks.thebase.in/** メール：**info@setouchikurashi.jp** ☎&FAX：**087-887-3221**

せとうち暮らし

2016 Vol.18

2016年3月 第1版発行

◎発行人
磯田周佑

◎総編集長
小西智都子

◎編集長
須鼻美緒

◎副編集長・チーフライター
山本政子

◎アートディレクション・デザイン
大池　翼（ツバサグラフィックス）

◎デザイン
佐谷　圭［P.38〜47］
中山正成（APRIL FOOL Inc.）［P.51〜63、106〜110］
西村京子・藤内愛子（tao.）［P.65〜74］

◎写真
本田史郎（WORKING CLASS HERO）
村上　錠
佐々木陵子
菊池良助
浦中ひとみ（小豆島・MeiPAM）
藤田幸裕
宮脇慎太郎（solow）
木村　孝（木村孝写真事務所）
坂口　祐（物語を届けるしごと）

◎イラスト
nakaban［表紙］
澁川順子［せとちゃん、P.3、64、76、77、79］
斎藤明子［P.100〜103］

◎スタイリング
澁川順子［P.70］

◎ライティング
池田早都子
山下亜希子
影山裕樹

◎校正
瀬尾裕明

◎印刷・製本
株式会社シナノパブリッシングプレス

発行／株式会社瀬戸内人
発売／空海舎
〒760-0013
香川県高松市扇町2-6-5 YB07・TERRSA大坂 4F
☎&FAX：087-823-0099

ISBN978-4-908315-05-3
Printed in Japan

©株式会社瀬戸内人 2016
本書の内容、写真およびイラストの無断転載を固く禁じます。

編集後記

今年は3年に一度香川県の島々で開催される「瀬戸内国際芸術祭」の開催年。島では急ピッチで準備が進んでいます。そんなお話をあるトークイベントでさせていただいたら、一番多かった質問は「女性の一人旅」について。ゆっくり流れる島時間、島でいただく食事のおいしさや島の人のあたたかさ。瀬戸内の島旅は、女性の一人旅にもオススメです！海に癒されに、ぜひおでかけください。（小西）

「センスのよい人と思われたい！」その一心で、中学生の頃からファッション誌を読んだり、おしゃれな友人に買い物について来てもらったりしていましたが、瀬戸内に移住してきて、もうそんな必要はないと思えてきました。美しい海や島、朝日や夕日を見ているだけで、自分の中の美意識が養われていくような気がするのです。いつか「マイ・ドンザ」をおしゃれに着こなすのが夢です。（須鼻）

ドンザに、オンバ、トントコトントントン。今回の旅を振り返っていたら、口から自然にあふれでました。沼島で出会った漁師さんの服「ドンザ」。男木島のお母さんたちの必需品「オンバ」。淡路島の工房で聞いた機織りの「トントコトントントン」。口にするたび、心がヒューン。それぞれに出会った瞬間に戻れるような気がして、気がつくとおまじないのように、繰り返しています。（山本）

SETOUCHI ISLAND MAP

島名の色文字＝有人島　島名の黒文字＝その他の島・おもな無人島　島名の背景が黄色■＝今号で紹介した島　出典＝日本の島全図Shima:zu（財団法人日本離島センター）抜粋

- 30 津島 つしま
- 31 大突間島 おおづくましま
- 32 武志島 むしじま
- 33 中渡島 なかとしま
- 34 岡村島 おかむらじま
- 35 小大下島 こおげしま
- 36 大下島 おおげしま
- 37 来島 くるしま
- 38 小島 おしま
- 39 馬島 うましま
- 40 比岐島 ひきじま
- 41 平市島 へいちじま
- 42 四阪島 しさかじま
- 43 明神島 みょうじんしま
- 44 梶島 かじしま
- 45 鼠島 ねずみじま
- 46 大島（新居浜市）おおしま p086
- 47 鹿島（松山市）かしま
- 48 安居島 あいじま
- 49 弓杖島 ゆづえしま
- 50 怪島 けしま
- 51 興居島 ごごしま p046
- 52 四十島 しじゅうしま
- 53 釣島 つるしま
- 54 野忽那島 のぐつなじま
- 55 睦月島 むづきじま
- 56 中島 なかじま p045,046,080
- 57 怒和島 ぬわじま
- 58 津和地島 つわじしま
- 59 二神島 ふたがみじま
- 60 由利島 ゆりじま
- 61 青島 あおしま

岡山県

- 1 鹿久居島 かくいじま
- 2 鶴島 つるじま
- 3 頭島 かしらじま
- 4 大多府島 おおたぶじま
- 5 鴻島 こうじま
- 6 曽島 そしま
- 7 前島（備前市）まえじま
- 8 住吉島 すみよしじま
- 9 長島 ながしま
- 10 木島 きしま
- 11 前島（瀬戸内市）まえじま
- 12 青島 あおしま
- 13 黄島 きじま
- 14 黒島 くろしま
- 15 犬島 いぬじま
- 16 犬ノ島 いぬのしま
- 17 沖鼓島 おきつづみじま
- 18 高島（岡山市）たかしま
- 19 石島 いしま
- 20 大槌島 おおづちしま
- 21 釜島 かましま
- 22 竪場島 たてばじま
- 20 松島 まつしま
- 24 六口島 むぐちじま
- 25 上水島 かみみずしま
- 26 下水島 しもみずしま
- 27 高島（笠岡市）たかしま
- 20 差出島 さすでしま
- 29 白石島 しらいしじま p106
- 30 梶子島 かじこじま
- 31 北木島 きたぎしま
- 32 真鍋島 まなべしま
- 33 大島 おおしま
- 34 大飛島 おおびしま
- 35 小飛島 こびしま
- 36 六島 むしま

香川県

- 1 小豆島 しょうどしま p050,054,065,075,076,084,098,105,107
- 2 大余島 おおよしま
- 3 弁天島（小豆島町室生）べんてんじま
- 4 弁天島（小豆島町苗羽）べんてんじま
- 5 小島 こじま
- 6 沖之島 おきのしま
- 7 小豊島 おでしま
- 8 豊島 てしま p003
- 9 直島 なおしま p104
- 10 尾高島 おだかしま
- 11 柏島 かしわじま
- 12 荒神島 こうじんしま
- 13 葛島 かつらしま
- 14 寺島 てらしま
- 15 向島（直島町）むかえじま
- 16 家島 えじま
- 17 局島 つぼねじま
- 18 京の上臈島 きょうのじょうろうじま
- 19 杵島 きねしま
- 20 屏風島 びょうぶじま
- 21 喜兵衛島 きへえじま
- 22 牛ケ首島 うしがくびじま
- 23 大島 おおしま
- 24 兜島 かぶとじま
- 25 高島 たかしま
- 26 名古島 なごしま
- 27 絹島 きぬじま
- 28 丸亀島 まるがめじま
- 29 通念島 つうねんじま
- 30 男木島 おぎじま p009,058
- 31 女木島 めぎじま p099
- 32 櫃石島 ひついしじま
- 33 岩黒島 いわくろじま p007
- 34 羽佐島 わさしま
- 35 与島 よしま
- 36 鍋島 なべしま
- 37 小与島 こよしま
- 38 瀬居島 せいじま
- 39 沙弥島 しゃみじま
- 40 牛島 うしじま
- 41 本島 ほんじま
- 42 向島（丸亀市）むかいじま
- 43 広島 ひろしま
- 44 手島 てしま
- 45 小手島 おてしま
- 46 上真島 かみましま
- 47 高見島 たかみじま
- 48 佐柳島 さなぎじま
- 49 津島 つしま
- 60 粟島 あわしま p032
- 51 志々島 ししじま p100
- 52 丸山島 まるやまじま
- 53 大蔦島 おづたじま
- 54 小蔦島 こづたじま
- 55 伊吹島 いぶきじま
- 56 円上島 まるがみじま
- 57 股島 またじま

兵庫県

- 1 淡路島 あわじしま p016
- 2 沖の島 おきのしま
- 3 煙島 けむりじま
- 4 成ヶ島 なるがしま
- 5 沼島 ぬしま p016
- 6 家島 いえしま p106
- 7 男鹿島 たんがしま
- 8 坊勢島 ぼうぜじま
- 9 西島 にしじま
- 10 上島 かみじま
- 11 太島 ふとんじま
- 12 加島 かしま
- 13 松島 まつしま
- 14 唐荷島 からにのしま
- 15 生島 いきしま

徳島県

- 1 大毛島 おおげしま
- 2 島田島 しもだじま
- 3 伊島 いしま
- 4 弁天島 べんてんじま
- 5 小勝島 こかつじま
- 6 野々島 ののしま